夫沼

夫にハマって抜け出せません

OTTO NUMA

のるん

PARCO出版

ブックデザイン
albireo

イラストレーション
Oyumi
instagram@oyumijp

CONTENTS

のるん

最強の萌キャラの夫と暮らす専業主婦（28歳）。
12歳、10歳、3歳の三人の女の子の育児に追われながらも
夫への愛が止まらない。

夫

愛し上手、愛され上手ののるんの夫（30歳）。

＊このエピソードは事実に基づいた
のるん家の日常で、
妄想でも創作でもありません。

第1章 夫だらけ

好きすぎて

夫が好きすぎて昼寝する時は夫がいつも寝てる側を滑り込んで確保するし、洗濯物だって1度胸いっぱいに匂い嗅いでから干す＆畳むし、夫がちょっとときもい動きした時のこととか思い出してこの人のことを愛せるのは私しかいないなとか、しみじみ考えたりする。

一度で二度

夫の好きなところの756844268888個ある内の1つに、ごはん食べに行って私が2つのメニューで悩んでると「あ、それ俺も悩んでんだよね～」と言ったあとに「そしたら俺がこっち頼むからちょっと交換こして食べよ！」と言って一度で二度美味しい外食を提案してくれるところがあります。

全部入り

朝のいってらっしゃいには、(なんでお仕事なんかに行くの!? 私のこと大切じゃないの!? ねぇ! なんで!? ずっと一緒にいるって言ったじゃん!! 誓ったじゃん!! でも家族のためにお仕事頑張ってる夫かっこいい!! 好きだよ!! 応援してるし!! 愛してるし!!)が全部詰まってる。

いつものシーザーサラダにゆで卵を切って乗っけて出しただけで「わ！ すごい！」「なんか豪華！」「嫁ちゃんそんなに俺のことが好きなんだね」って喜びすぎて嫁を抱きしめてしまうかわいい夫と暮らしています。

夫だらけ

夫が家にいないと夫のことで頭がいっぱいになるし、夫が隣にいても「夫ぉ〜」ってなってずっと見ちゃうし結局、頭の中夫だらけ。

命がけダイエット

ダイエットで体重が減ってきて嬉しくて夫に報告しようとしたんだけど、夫が「待って！」って遮って「体重なんて女性の口から言わせるもんじゃない。抱き締めればどれだけ頑張ってるのか分かる」と言って抱きしめられたのでさすがに今回はもう心臓持たない死ぬなって思った。

愛しのグーパー

おでかけすると夫は私の歩いてる方向に掌を見せてグーパーしてくるんですけど、それは手が空いてるよーのサイン。私が小走りで手を握りにいくとわざとらしい驚き方で「わっ、びっくりした〜！」とか言いながらぎゅっぎゅって握り返してくれる夫にデレ溶けてしまう。

ＧＷ最終日は真昼間から夫とチャーシュー作りをしています。休日にキッチンにふたりで立って料理するのが楽しみな私ですが、もっと楽しみなのは夫の背中に顔を埋めて夫が移動するのを付いて回りながら匂いを堪能することですね。

週末に食材をほぼまとめ買いするんですけど、荷物を詰めた袋を夫が目利きして「こっちのが軽いよ」って重たいやつは全部持ってくれるの、毎回惚れ直す。でも荷物少ない時は夫が全部持って両手が埋まってしまうからその時は片手の荷物奪い取って手を繋げるようにするんだけど、私、かわいすぎじゃない？

パパの鏡

夫、男三兄弟の次男として育ってきて今は三姉妹のパパをしているんだけど、娘達にどんな気を使えばいいのか分かんないからとネットで勉強して、そこで会得した髪の毛の痛まない乾かし方とクシの使い方をマスターして「髪の毛乾かすならパパと言われたい」と言っていた。努力の方向性が好きすぎる…。

あのあのあの、ちょっと聞いてほしいんですけど。昨晩夫に腕枕しながら寝ていたのですがふと飼いネコを呼びたくなって「ネコ〜〜おいで〜〜」って小さな声で呼んだらスースー寝息立てて寝ていたはずの夫がぎゅ――――って抱きついてきて「なんでネコ呼ぶの…俺じゃ足りないの…？」と言って爆発した話。

おかわりでブチアゲ

宇宙から見たらどうでもいいんですけど、ハグするとストレスが軽減するって言うじゃないですか。今朝夫が5秒間のハグを5回くらい「もう1回」とおかわりしてから出ていったので多分今日の夫は最高にテンションブチアゲだと思うんですよね。まあ宇宙から見たらどうでもいいんですけど。

「人妻は恋愛禁止だからみんなアイドル」説の提唱者だけど、それを夫に言ったら「アイドルには興味ないけどのるんがアイドルならたくさん貢ぐわ」って言われたから夫はちょろい。

昨日、寝る時に夫が私の頭を引き寄せておでこくっつけた後にギューってしてくれたんですけど、今この瞬間は世界で一番幸せものだって自信がありました！！！！！！！！

昨日夕飯作ってる間に夫が洗濯物を畳んでくれて服を片付けに行く時になにか言ってて、私は普通に聞き逃したから「今なんて言ったの？」って聞いたら「え！ 聞いてなかったの!?」ってあちゃーみたいなポーズされて、もう一度「なに？」って聞いたら「愛してる」と言われたので照れ隠しに肩パンしといた。

石ころ確定

夫に私のどこがかわいい？とよく聞いてしまうウザったい嫁をやっているんですけど、昨日聞いたら「そういうとこ」って言われたのでもう来世は石ころでいいです。

爆笑モノマネ

そういえば昨夜、布団で夫が耳打ちしてこようとしたから耳を傾けたら「あっ…」って言ったので「なんで耳打ちでカオナシのモノマネすんの!?」って爆笑してたら「違う！ ゆっくり『あ・い・し・て・る』って言おうとしたのに嫁ちゃんがせっかちだからカオナシになっちゃったの！」と言われさらに爆笑した。

今日も結婚記念日

昨日、私が結婚指輪を外して洗い物をしてたんだけど、そのまま指輪するの忘れてしまっててベッドで寛いでたら夫が「大変だ!!俺の大事な妻はどこだ!!」ってすっ飛んできて跪いて私の指に指輪を丁寧にはめた後「かわいい人いた…結婚する?」って抱きしめられたので今日も結婚記念日とします。

眩しくて見えない

夫が好きすぎる嫁なので夫が食べ終わった食器を片付けている
だけで（うっ………夫……眩しすぎて見えない…………イケメン
……好き………イケメンの皿洗い…………美しい………うああ
あっ!!）って思うんですけど大抵声に出てしまっているので夫が
キメ顔でこっちを見てくる。

降参のチュー

「ねぇチューしよ」って言うと「どんなふうに？」って意地悪してくる夫ですが、昨日は夫から「チューしない？」と言われたので「どんな？」って仕返しをしたんですけど「こんな風に」と後頭部に手を添えられてドキドキさせられてしまったのでミッション失敗です。

羞恥心のバロメーター

夫の前で羞恥心とかほぼなくなりかけている嫁だけど、お風呂入る時にズボンと一緒にパンツが脱げてしまった時に何故かめちゃくちゃ恥ずかしいって思ったの。意味わかんないけど、のるんはまだまだ恥ずかしがり屋のかわいい嫁だし、夫の頭はハゲ。

かわいくて憤死

昨日寝る時に「またふたりで旅行に行きたいなぁ。今度はさ！」って次に行きたいところや、やりたいこと、次々と夫が楽しそうに話すから「ふふ」って笑ったら恥ずかしそうに「そんだけあの時楽しかったの！」って背中向けるからかわいくてかわいくてかわいくてかわいくてかわいくてかわいくてかわいくてかわいくてかわい……

好きだからあげる

夫婦共に大好きなコーラの１口目を夫に譲るし、ショートケーキのいちごもあげれる程夫を愛してるんですけど、こういう小さなことに夫が愛を感じてくれていたら幸せだなぁと考えていました（ちなみに昨日はいちご大福の１番美味しいであろう真ん中の部分をあげました）。

OTTO♥

キラキラディナー

仕事の関係で今週は帰りが遅い夫。いつもなら子供たちと先に夕飯を済ませて子供たちが寝た頃に帰宅した夫にまたごはんを作って出してたんだけど、昨日「今日は一緒にごはん食べよっか」って言ったら「楽しみに帰ってきたよ！」ってキラキラした目で帰ってきて2人で食卓に並んで最高に良い時間を過ごした。

買い物カゴに愛

「節約しなきゃ」とか言いながら買い物カゴには嫁の好きなお菓子入れちゃう夫。だけどそういう夫のささやかな愛に気付けることが幸せなので、そこだけは気付かないふりして他で一緒に節約していこうと思いましたまる

マイ毛布はどこ!?

昨夜、ちょっとやることがあってお布団に行くのが遅れたんだけど、着いた時に私の毛布が夫の毛布の足下の方に丸まって隠されてて「えっ、私の毛布…」って言ったら「そんなのないよ！　だから一緒の毛布で寝るしかないね！」と言われて速攻でくるまった。「お前の席ねぇーから」的な感じかと思ってごめん。

オーライ墓場！

「結婚は人生の墓場」って言葉見たことあるけど、随分と良い墓場だよなぁぁぁぁぁぁ!!　永遠にここで死ねるなら最高だ。

涙も共有

10年前くらいに使ってた携帯が出てきて夫と中を覗いたんだけど、長女が生まれた時の写真とかたくさんの子供の写真が発掘されて、夫が少し泣いてた。私もつられて泣いた。年取ると年々涙脆くなったなって感じるけど、悪くないね。

前に「愛してるよ」と耳打ちしてるところを子供たちに見られて「こそこそ話してる！　なんて言ってたの！」と公開処刑されたことのある夫ですが、懲りずに子供たちの目を盗んでは「愛してるよ」と耳打ちしてきて「言いたくなっちゃったから」と言って去っていく愛おしすぎる背中をつい先程も見つめました。

手乗りのるん

分身して片方は手乗りサイズにまで小さくなって、ずっと夫に持ち歩いていて欲しい。し、夫の匂いに全身が包まれる至福を味わいたい。

玄関先で手を繋いだらお互いに手を離せなくなる事案が発生し、
もう少しで夫を引き留めることに成功しそうだったので明日から
も続けたいと思います。

第2章
最強の萌キャラ

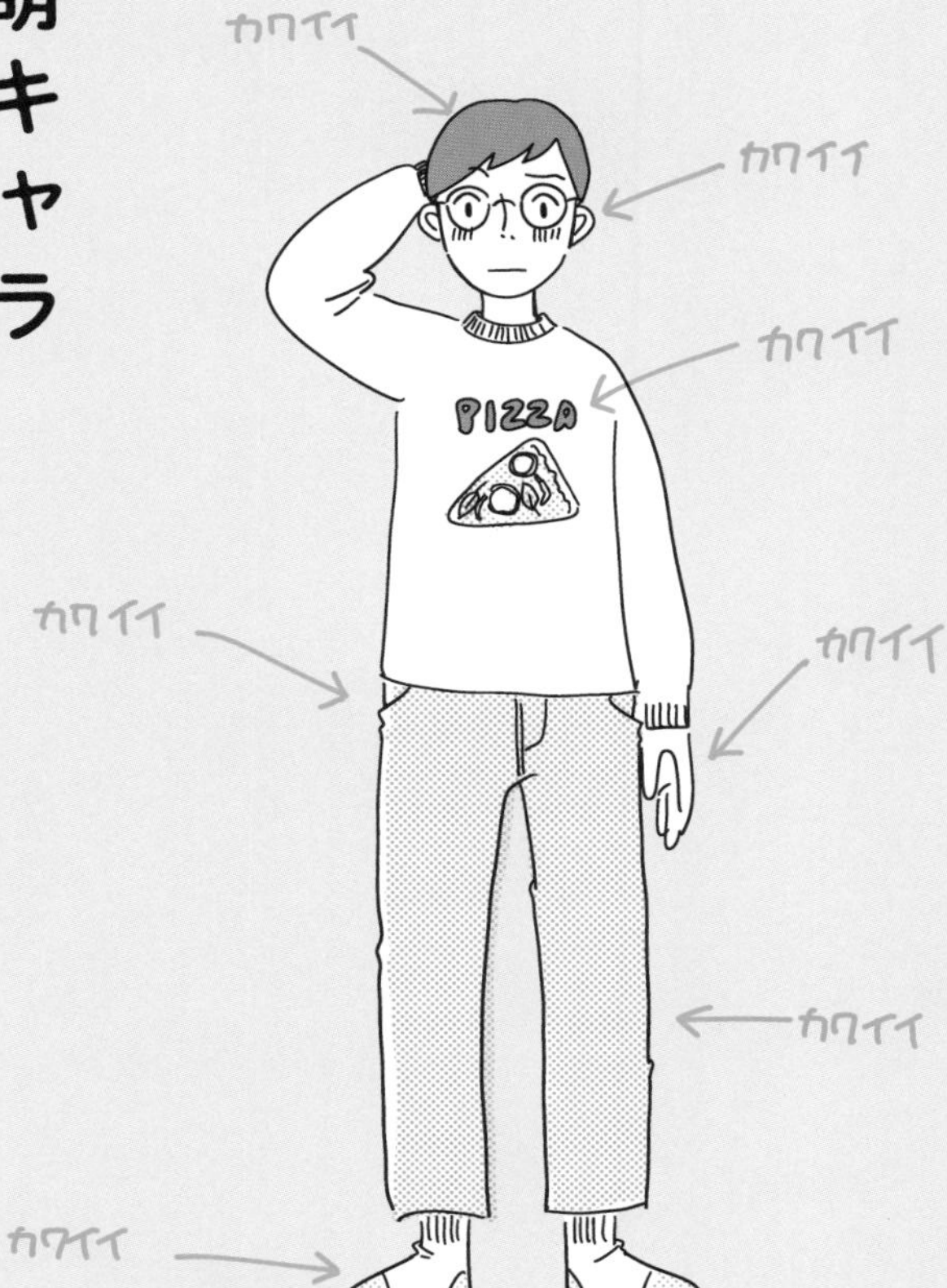

夫が今日休みで、昨日「デートしよっか」って誘ってくれたんだけど、寝る時に「明日9時にここで待ち合わせね」って眠りについたの最高だったし、朝起きたら夫のほうが先に起きてて「ごめん待った？」って言ったら「ううん、全然！」と言いながら身支度済んでたので、「やばいほんとさいこー」ってなった。

夫の腕の中、色々やる気が湧いてくるし、毎回、運気が上がってる気がする。多分パワースポットなんだと思う。

雨の日に出掛けて屋根のない駐車場とかだと夫が「入り口の前で少し停めるから先に降りてて、俺は車を停めてくるから」って濡れないように降ろしてくれた後、車を停めた夫が雨の中を小走りで向かってくるのかっこいいし、ありがとうって思うし、雨の日限定イベントって感じで好き。

そういうとこやぞ！

夫がお昼ごはんに皆にホットケーキ焼いてくれたの。私のやつにメープルシロップでなにか書いてくれたんだけど、ホットケーキに吸われるは、持ってくる時の振動で伸びるはで、なに書いてるか分かんなかった。「『あいしてる』って書いたんだけど」って言ってたけど私の心を掴んで離さないのはそういうところやぞ!!

トントン

寝る時に珍しくトントンして寝かしつけるようにしてくれたんですけど、段々と弱々しくなっていき、気付くと手が止まりやっぱり先に寝てしまう爆速睡眠の夫を愛しく思う夜を過ごしました。

寝る時に先に歯を磨いて布団で待っていたら「まだ寝ちゃダメだよ！これ一緒に見ようよ！」と布団にダイブしながら広げたチラシが地元のピザ屋のチラシで「この家に来て初めてのピザのチラシ！」「どれが食べたいか、せーので指さそう！」とかキラキラした目で話していた夫はやっぱり最強の萌キャラ。

実の親ですら分かり合えないことあるのに、他人である夫のことを全部分かろうなんて難しいし多分無理だと思うんだけど、それを踏まえた上で一言でいうなら「夫、愛してる」です。

過激派のるん

夫大好き教の過激派組織の一員です。主に、夫のジャージの匂いを嗅いだりして自ら爆発して死んでます。

スー
ハー
スー
ハー
スー
ハー
スー
ハー

今日も記念日？

夫にすごく神妙な顔して「実は…夫のことが…好きなの…」って告白したら「えっ、俺もなんだけど…付き合っちゃう？」って言われたので、今日も交際記念日にします。

はぁ…な週末

はぁ…とても良い週末を過ごしてしまった……。どこに出しても恥ずかしくないバカップルだった…。この余韻でまた数ヶ月頑張れる………と思ったけど夫が出勤して今ソッコーで寂しくなって、夫の中毒性の高さに震える。

お返事書くぞ〜

実は昨日ハガキが届いたんですよ。先週末、おでかけした時にこっそり夫が現地から書いて送ってた。現地の消印と裏には素敵な写真が載ってて、夫の字で「とっても楽しいよ」とか「ありがとう」とか書いてあって、なんかすごく胸がいっぱいになってしまった。私もお返事書くぞ〜〜〜!!

アレってなんですか？

手を繋いで寝始めると必ずどこかしらが痒くなって、そういう時に限って手を繋いでる方でしかかけないような場所でもぞもぞしてしまうんですけど、アレなんなんですかね？

夫、たまに愛が爆発して私のことを「あ〜〜〜もう！あ〜〜〜〜もう!!」って言いながらこねくり回してくるんですけど、語彙力失ってる感じが私の心臓にキュンキュンダイレクトアタックしてきて、私も「あ〜〜〜もう〜〜なんなの〜〜〜!!」ってこねくり返すやつ。あと１０００兆年は続いて欲しい。

お殿様のチュー

夫に「チューしてて」ってお願いしたらチューしててくれたんだけど「やだやだ！ やだ！ 俺もチューされたい‼ 嫁ちゃんにチューして欲しいのぉぉぉ‼ おぉん！」って駄々こね始めたから草むしりしながらたくさんチューしてあげたら「うむ。苦しゅうない」だってさ。 なんだこいつ愛しいな。

夫が寝転がってる腕をじっと見ていた私に、夫「今この腕を１人が見ています」「この腕枕は30分前にも使用されました」「クーポンがあります」「締切間近キャンペーン！」「この腕枕プランは残り１つ」。私「じゃらんかよ。予約した」。

夫の好きなところパート3

夫のどこが好きって親父ギャグかました後に必ずおでこを叩かれるために目をつぶりながら前のめりに待っているところです。

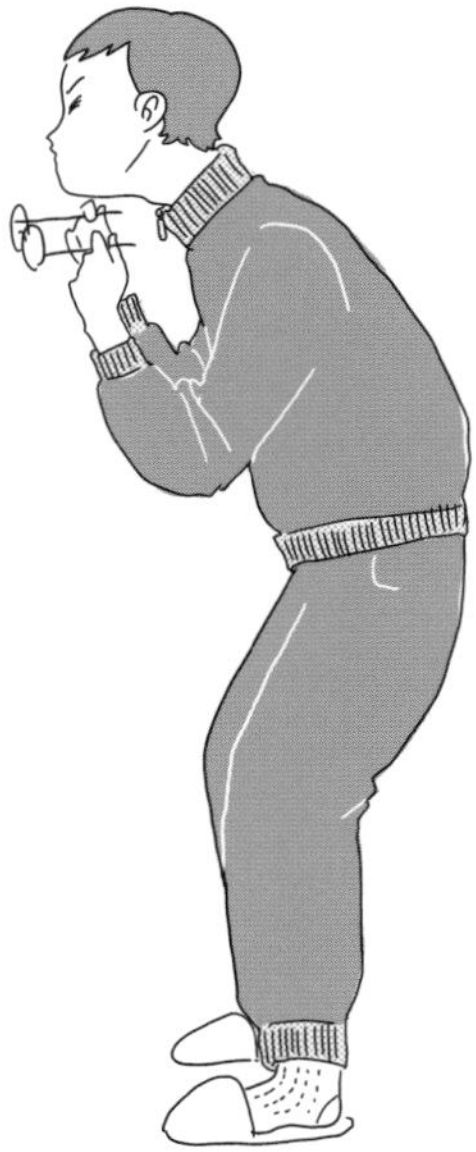

オフショルの服をソックタッチでとめてると思っている夫を持つ
嫁ですが、夫のことは愛しています。

ベストポジション

昨夜、なかなか寝付けなくて寝返りついでに夫にピトッてくっついたら夫が「分かってるよ！　こうしなきゃ眠れないんだよね？」って言いながら腕枕して抱き寄せて、さらには息のしやすいようにいい感じに調整してくれたので永遠にこの腕枕で眠れるなと思いながら寝ました。朝、夫は覚えてなかったけど。

今日は夫が出張なんですけど、移動時間が長すぎるのでＬＩＮＥがめちゃめちゃ返ってくるし、なにより返信がはやい。スーツで電車移動していて携帯見てる男性が妻と高校生並みのＬＩＮＥ交換を繰り広げているのを想像したら萌える。私の夫だから萌える、エロサイトとか見てるより断然萌える。

「最高」に気づいた夜

昨日、私と娘を両方の腕で腕枕しながら感極まってしまった夫は「結婚っていいなぁぁぁ!! 嫁っていいなぁぁ!! 娘っていいなぁ!! 俺の家族って最高だなぁぁぁぁ!!」と無理矢理ぎゅうぎゅうに抱きしめて「痛いよ!」って怒られてるのに幸せそうな顔してた。

浮かれポンチな嫁なので夫から帰ってくるって連絡が来た今、身体は踊り出すし心は空を飛んで帰ってきません。

愛の言葉は腹式呼吸で

体育会系ノリはドン引いてしまうのるんだけど、夫に「愛してる」って言ったら「聞こえない！　腹から声出せ!!」って言われたら腹から声出してしまうの、ほんとどうにかしたい。

悔しいけど愛してる！

夫に頼みごとがあって名前呼んだだけなのに「わかってる！わぁーかってるから！」と言われて「ほんとに？」って答えたら「俺のことが好きなんだろ？　わかってっから！」とトンチンカンな受け答えされたので「愛してるよ!!」と言って自分で用事を済ませました。間違ってないからこれまた悔しい。

朝は夫よりも早く起きてお弁当を作り、夜は夫よりも遅く寝て（寝つきが悪いだけ）布団を掛け直してあげたりするの、さだまさしも納得の亭主関白生活だと思うんですけど、私がくっつきすぎて朝には夫が壁側に追いやられてすごく狭そうに寝てるの見ると「すべて台なしだな」って思う……。

ドライブデート

急遽、午後から子供たちが母と出かけていってしまったんだけど、夫が「4時間だけのふたりっきり思い切り楽しもう!」って198756321769億年振りのドライブデートしてきました。ほんとに楽しい4時間だった…。年に数回しかないふたりきりの時間だからこれからも大事にしていきたい。

「おーっとあぶなーい！」ってわざとぶつかってきてドタバタラブコメディのようにキスしてきたと思ったら「ごめんね、お詫びにこれやるね」って夕飯のお手伝いしてくれる夫は、まじ最高だってことをお伝えしたい。

永遠に好きを叫ぶ

もう、夫好きすぎて「どこが？」って聞かれても「腕！足！顔！お腹！その体のライン！その全てが私の〝好き〟を作ってる!!夫の生まれた意味は私に愛されること!! この愛され上手め!!」って永遠に叫んでいられる。

初体験が継続中

どんなにギクシャクしても、「きらいになる」という選択肢、そもそもその概念がないの、多分人生史上、夫が初。

夫が帰ってくると嬉しくなって帰ってきたその瞬間からマシンガントークしてしまうウザったい嫁ですが、夫は手を止めて話を聞いてくれたりする。昨日は仕事の服を脱いでる最中に話しかけたもんだから脱ぎかけの体勢のまま「ん？ なんか言った？」と自室から少し出てきてちょっと面白かった。

正座でスタンバイ

非常にポーカーフェイスな嫁なので、今日！ 夫が！ 帰宅すれば!! 明日からは!! 朝から晩まで!! 一日中!! ずっと!! 一緒!! などという感情は一切見せずに洗濯をして掃除をしてせっせと家のミッションをこなしていき、今は17時30分定時の夫の連絡を正座で待ちわびているところ。

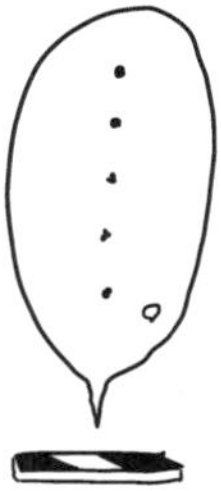

この間玉ねぎを切っていて涙目になっていたんですけど、料理の進捗を確認しに来た夫が「誰に泣かされた⁉ お前か！ おめぇなんか俺がこうしてやる！」とみじん切りの続きをやってくれたの思い出して夫に会いたくなってる（出勤から1時間しか経過してない）。

愛の巣って！

昨日、寝る準備をして部屋に戻ろうとしたら夫が腰に手を当てて小さい前ならえみたいな感じで待ってて「まもなく扉が閉まりまーす」って言うから慌てて夫の肩に両手を乗せたら「しゅっしゅっぽっぽ…」と走り出し、部屋に着いたら「終点～愛の巣～愛の巣～」とか言うからゲラゲラ笑ってしまった。

明日は台風で会社が休み。ということを想定して夜更かしをしてしまった夫婦ですがいつも通り夫が仕事に行くのを寂しがっている月曜日になりました。

回数制限がある訳ではないので基本的に自分も他の人も結構褒めて生きてる。昨日だけでも夫のこと「朝早起きして偉い」「お仕事行って偉い」「のるんのこと大事にしてて偉い！」「ちゃんとお布団掛けて寝れたの偉い!!」ってたくさん褒めたから今世もだいぶ徳積んでると思う。

テストに出ますよ

Twitterで「結婚して数年後には夫のことがムカつくしきらいになる」って教わったんだけど、全然そうならなくて完全にヤマ外れたなって感じです。みなさんここテストに出ます。

第3章
夫教のススメ

山あり谷あり…ではありません

夫を好きすぎるがあまりに夫が仕事に出掛けて帰ってくる頃には抜け殻のようになっているし、帰宅した夫が家の鍵を開けた瞬間から世界が華やかにバラ色に駆け巡り出すから、人生山あり谷ありってこういうことなのかなって適当に考えていました(違う)。

名前募集中

夫と2人で自販機まで歩いてプチデートしてきたんだけど、ふと足下を見た時に足並みが揃ってるとなんか嬉しくなるアレ。アレにそろそろ名前をつけたい。

夫と結婚してからの私は3日坊主が治り、料理のレパートリーも増え、更には便秘まで治ってしまい、髪の毛サラサラ、冷え症も改善され、お肌もつやつや!! 全女性に夫教への入信をおすすめする!!

夫教

夫が毎日乳酸菌飲料を飲んだかを聞いてきたり、私の作ってるごはんをつまみ食いして足踏みしながら「おいし～」と言ったり、寝る時に何故かお腹が冷えてしまう私のためにパジャマの上からホッカイロ貼ってくれたり、もう全てが愛の塊すぎて愛に溺れながら生活してる。

夫の暴挙

今日夫が「今日はのるんに休んでもらう!!」と張り切っていてどうするのかと思ったら家の中の移動を全部おんぶにするという暴挙に出たので甘んじてそれを受けた。

もしかして、もしかすると？

夫、なんでも私と共有したがるから、ドーナツ買ってきて「半分こっ」言いながら全部半分に切ってたり、キャラメルポップコーンの袋開けても「キャラメルがめっちゃ濃いヤツ集めた！ 後で一緒に食べよ!!」と言ったりして本当にかわいいんだけど、もしかして私のこと好きだな？

換気扇は回るよ

私、料理の時に換気扇をつけ忘れることがあって夫がよく「換気扇つけた?」って聞きにくるんですけど、つけてる時は「おっ、えっら——い!」と褒めてくれて、忘れてた時には「そっかそっか!こっちまでいい匂いがしたよ~!!」と換気扇をつけてくれるの。言い方って大事なんだなってほんと思う。

ヒーロー登場

昨夜から突然の発熱に見舞われ寝込んでいたんですけど、明日長女の校外学習のためのお弁当をすっかり忘れていて、夕飯もお弁当も全て夫にやらせてしまった。自分が情けなくて「ごめんね」って言ったら「知ってる？ 俺の本業は家族のヒーローなんだぜ。毎日行ってる会社は副業」と慰められた。泣いた。

コンビニまでの道のり

休日の深夜にコンビニまで散歩デートしたんですけど、「今日の月はなんか変な形」「今日は星がよく見えるね！」「寒いけどアイス食べない？ ちょっと高いやつ」っていう会話がもう全て好きだった。

寝る時に「嫁ちゃん本人よりも嫁ちゃんのこと大事にしてるんだから」って告白されたんだけど、これはもう運命。

ゴリラでも愛す

あざとい女なので、夫とふたりきりになるとめちゃくちゃ甘えるし、ぶりっ子するんですけど、普段私のゴリラみたいに怒った顔とか見てるのにそれを含めて「かわいい」と言ってくれるので夫は菩薩。

優しさの種類

夫の優しさってさ、押し付けないし恩着せがましい感じでもなくて……上手く説明できないけど、「これ、ここに置いておくから～」みたいな優しさなの。優しさがそっとそばに置かれてる感じ。今日も「雨降るって。寒くなるかもだから暖房つけといた。暑かったら消してね」っていうさりげなさ。謙虚さ。好き。

一生食べない

20代前半の頃お互いにウニが食べられず「もしかしたら30歳くらいになれば美味しく食べられるかも」「一緒に大人になっていこうね♡」なんて甘い会話したんですけど、夫が30歳になった今、まだウニが美味しく食べられないのでこのまま一生ウニを食べずに一緒に歳を取ろうねって約束をしました。

いつから使用可？

「もう何年一緒にいると思ってるのよ」ってセリフが言いたいんですけど、何年目から言ってもいいんでしょうか？

なにをされても

寝てる夫に自分が眠れないからって抱きしめたり、キスしまくったり、寝相で離れてしまった恋人繋ぎを無理やりまた繋ぎ直したり、匂い嗅ぎまくったり、頭撫でたり、ほっぺぷにぷにしたりしても「んんん〜〜どうしたの？ おいで」って腕枕の体勢で迎え入れてくれる夫は神様だし尊い。

夫が通りすがりや、ふとした時にキメ顔でこちらを見てくるんだけど、髪の毛乾かしてる時の鏡越しとか寝る時に暗がりでこちらに顔を向けてやってくるから「ちょっとも〜〜〜〜〜」ってなる。更に「これも俺の愛情表現なの〜〜〜見て〜〜〜!!」ってふざけてくるから、もうそろそろ笑い死ぬ。

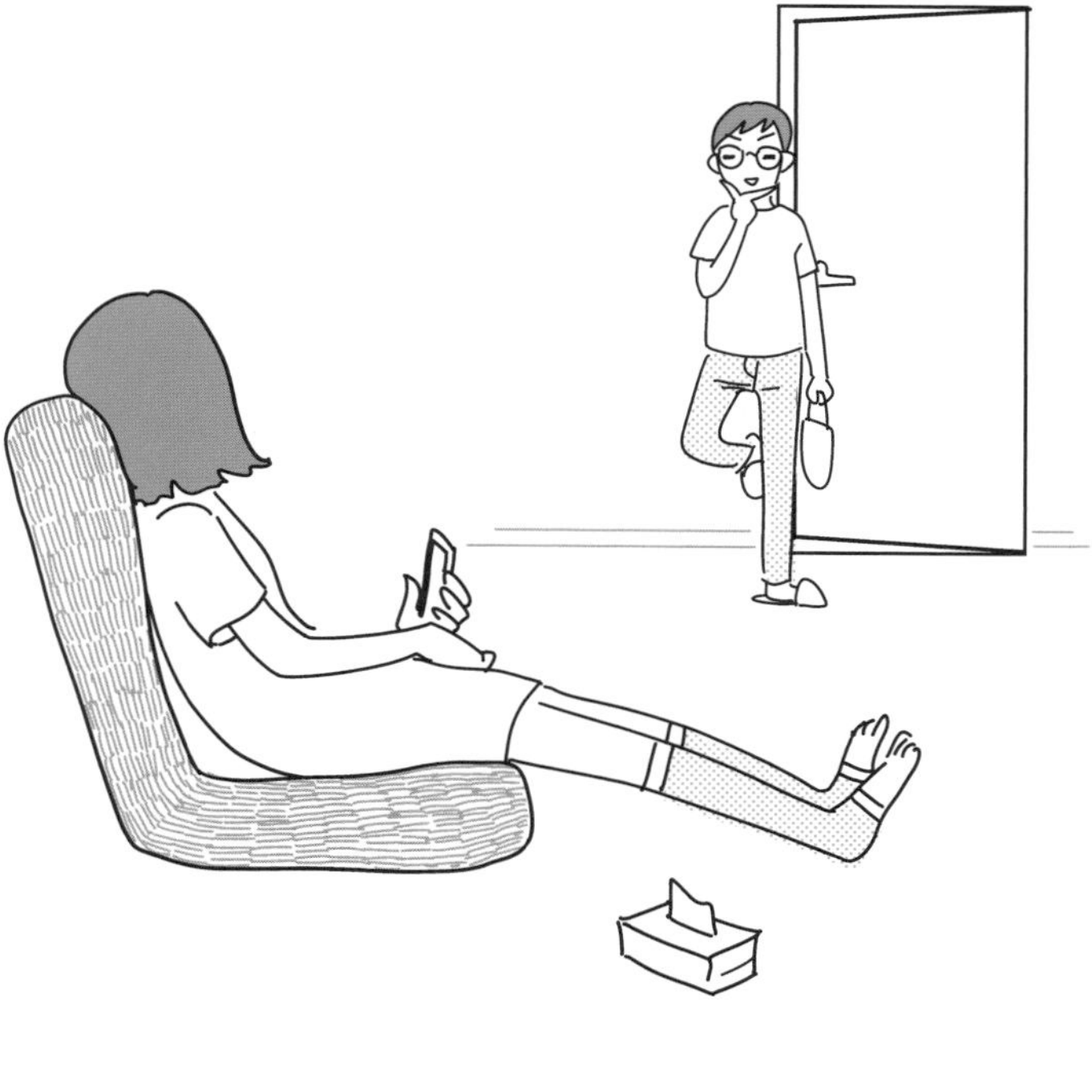

未来も胸アツ確定

夫と同じ墓に入れるってだけで胸アツ。

今日は次女がお弁当持っていく日だったので、お弁当を作ったんですけど夫も一緒にやってくれてて、玉子焼き係の私が作った玉子焼きをみて夫が「ほんと上手いね！天才なんじゃない？」って褒めてくれたんだけど、そもそも私に玉子焼きの上手い作り方教えてくれたのは夫なのにな、好きってなった。

ちょっとむくれてる時にちょっかい出されるといわゆる「塩対応」というものになってしまうんですけど、夫はいつもそういう時に「嫁ちゃんは俺のこと好きじゃないんだ……」とか言うから「好きだよ！！！！！」と強い口調で言ってしまう。ズルイ。好きだよ!!

夫が月の始めに「今月もよろしく」って挨拶してくれるんですけど、週初めには「今週も頑張ろうね」って言ってくれるし一日の終わりには「お疲れ様。おやすみ、また明日ね」って言ってくれる。だから毎月、毎週、毎日「いっちょやりますか!!」という気持ちで過ごしています。

お家でナンパ

この間、キッチンでの仕事を終えて部屋に戻る途中で夫が颯爽と現れて「へい！　ねぇちゃん！　乗ってく？」と言ってそのままおんぶして部屋まで連れていってくれたの良かったな……夫に会いたいな……。

仮病はダメだよ

たまに仮病使って家事お休みする嫁なんですが、夫にバレると「具合悪いならゆっくり休んでていいよ。帰ったら俺が全部やるから。なに食べたい?」って言われてしまうので「そんな!　あなた様のお手を煩わせるわけにはいきません!」となっていつもより家事頑張ってしまうから仮病は良くない。

ヤバめな嫁

エッチな人妻なので夫の着替えをガン見してる。

BGMは「情熱大陸」

昨日、皿洗いしてる夫のお尻をめちゃくちゃに叩きながらノリノリで「情熱大陸」を歌ったんですけど、夫もお尻ふりふりふりしながらノリノリで情熱的な皿洗いしてたから「えっ、めっちゃ好き……」ってなった。

ついでは夫のほう

朝、お弁当作ってたら夫が起きてきてカフェオレ作ってくれたから お礼を言ったら「ついでだよ、ついで」と照れ隠ししていた。その後すぐに「ついでなのは俺のやつ…目的は嫁ちゃんのカフェオレ作ること、です」と訂正して照れ臭そうにマグカップで顔を隠していました。そしてカフェオレはめちゃうまだった。

80歳まで継続希望

毎年そうなんですけど、今年も誕生日を迎えてから「30歳になって初！ 嫁の手料理！」「初ハグ！」「初めての手繋ぎ！」と全てに感動しながら、「30歳ってサイコー!!」って騒ぎながら歳を重ねているので、これは80歳になっても続けて欲しい。

ジャージ強奪

残業続きの夫が今日も遅くなると思うと涙が出るし、でも今日は金曜だから明日は一緒にいられるって思うと嬉し涙が出てきちゃうし、おいおい泣きながら夫のジャージを着てたら帰ってきた娘達に「それ、パパのだよ」って言われて「いいの！これはママの！」と言ったので今日からこのジャージは私のモノ……。

流れる動作

隣に並んで歯を磨く新鮮さ、同じ家に帰る新鮮さ…はもうないのかもしれないけれど、歯を磨きに行った際に伸ばす手の位置、取ってほしい歯磨き粉、立ち位置の入れ替えタイミングなどお互いが流れるような動作で相手のことを把握し理解して動くので、これはこれで悪くないなと思うな。

私の愛情表現が直球ストレート150km級の球を投げているようなもんだとしたら、夫は上からパラパラと愛を振りかけてくれているような感じの愛情表現なのでふたりの正反対の愛がこんなにも素晴らしい日々を創っているのはとても感慨深いものがあるな。

秋の完成

今日ちょっと寒くて嬉しくなりました。夫に「くっついて寝れる季節が来ましたね」ってＬＩＮＥしたら昼休みに電話が掛かってきて「やっと冷え性の嫁の役に立てる季節がきたんだね、あとはサンマを食べれば秋の完成だな」と言われたので、雨ですが秋刀魚を買いに行きたいと思います。

夫が通りすがりにちょっかい出してきて「ちょっとも〜〜〜〜」って押し合ってたら娘が「パパ！　ダメだよ！」って止めに入ってきたんですけど夫が「いいか！　男は好きな女の子にちょっかい出したくなるの!!　よーく覚えとくんだぞ！」って言いながら今度は娘を追いかけだしたから毎日幸せです。

第4章

ここは天国？

早く来い来い

夫が仕事に行くのは寂しいけど、この毎日の寂しさが多分ちょうど良くて、それを乗り越えてこその愛しさであったり、結婚してもなお、お互いを知りえない時間の存在によるお互いを知る機会が増える嬉しさだったりする。でも早く定年退職して毎日一緒にいたい。その時には今とは違う幸せ見つけられるだろうか。

ぎゅぎゅぎゅぎゅぎゅぎゅぎゅ

寝る前にお布団で散々おしゃべりしてふたりで笑ったあとにそろそろ寝る雰囲気が漂ってくると寂しくなってしまうんだけど、繋いでる手を「あいしてるよ」に合わせてぎゅっぎゅって動かして、それをおやすみの代わりに寝たんです。昨日。今年も1年仲良く過ごせそうです。

昨日、お風呂から上がって服を着たところでちょうど夫が帰ってきて、娘は髪の毛が濡れた状態で走り出して「おかぇーしゃい!」と抱きついたもんだから負けじと私も「おかえり!」と抱きついたら夫は「ここは天国なんだね」って昇天しそうな顔してた。

夫と私は性格も違うしこだわるところも違うんですが、休日に掃除機をかけ始めると夫は普段私が気付かないようなところの掃除をテキパキ始めて、その間はすれ違う時に手を握られたり目が合った時に投げキッスするだけでお互い黙々と作業し、最後は戦いを終えた戦士の顔で再会。すると一回り成長した夫婦がそこにはいます。

半分こ

夫と肉まん半分こして食べるだけで幸せになれるんだから人生得してる。

ハッピーセットここにあります。

夫と出会ったのがそもそもすんごいラッキーだったし、私がこの人好きだなって思ってたらなんか知んないけど夫まで私のこと好きになってくれたし、優しくて気配り上手なそんな夫と結婚までして毎日楽しくてクソやべぇほど幸せ感じちゃってるんだけど、人生ハッピーセットか？

末永くヨロシク

夫より先には死なないと決めてるんですけど、夫を看取った0・000001秒後には天に召されたいし、来世も時間差なく転生したいし、なんならまた末永くヨロシクやっていきたいな。

昨日寝る準備してる最中に、夫が私と手を繋いでそのまま引っ張って洗面所行って歯を磨いたり、部屋で使ったコップを流しに持って行ったり、最後明かりを消して部屋まで歩く時には暗くて危ないからってゆっくり引っ張ってくれて、お返しにお布団掛けてあげたんだけど、なんか結婚っていいなって思った。

プロの嫁なので「あの頃は良かった」などというセリフは絶対に言わせない。「今が１番幸せだ」と常に思わせてやる。そんな気持ちで毎日生きていますね!!

結婚する条件としてアヒージョが食べたいとか言わない人かどうかの確認をオススメします。

定期的に夫に「好きだよ」って告っているんですが、夫が「多分俺の方が好きだよ」って張り合ってくるので「違う私!!」「いや俺」と喧嘩になって最後に「じゃあ、うちら相思相愛ってこと? 付き合おっか」って言うと「結婚しよう」「パパパパーン」と手を取ってBGMを奏でてくれる夫、まじ好き。

確認作業

いまだに夫の左手の薬指にハマって
いる指輪をふとした時に見詰めてし
まうし、それと同時に自分の左手の
薬指に着いてる指輪の向きを丁寧に
直してしまうな。

永遠のワクワク

もう何年も一緒にいて、子供もいて人生落ち着いてきても、未だに夫との将来を想像してワクワクしてしまうの、ほんと好きなんだなって実感する。

マシマシの正体

結婚後とか出産後は夫への愛情が冷めるとTwitterで教えられてきたんですけど、結婚後も出産後も夫への愛情が増し増しになっていく事象があることなんて習ってないんだけど？　そろそろこの現象に名前つけない？

グッジョブ雪

夫が雪のせいですごく遅く帰ってきた。子供も寝かしつけが終わっていたので夫に食べてもらうためだけの料理をした。夫が1品1品食べる度にこっち向いて「んん！ 美味しい！」って言うから初めて夫に料理を提供した時も「美味しい～！」って食べる姿を私が隣で眺めてたなぁ～って懐かしい気持ちになった。

誕生日へへっ

実は昨日、お誕生日を迎えたんですけど、寝る時に夫は「27歳の嫁ちゃんがいなくて寂しい〜〜〜!!」とのたうち回った後に「28歳の嫁ちゃんかわいい〜〜〜〜!!」と激しくこねくり回してきて28歳の嫁は終始「へへっ」という気持ち悪い笑いしか出ませんでした。

買い置きの勇者

「リップ使い切ってなくなってしもうた」ってLINEしたら「だいぶ前にそろそろかな？　って買い足しといたのがあるんだけど、結構長持ちしたね（笑）納戸の3段目にない？」との返信。あ・り・ま・し・た！　夫「妻の唇の平和も俺が守る」。

昨日の夕飯作ってる最中に白菜の葉をもぎすぎて大量にボールに余ったのを夫が「これどうしたの？」「もぎすぎちゃったの？」「かわいい」「俺に任せて」と言って刻んだ白菜をジップロックに入れて塩もみしてもう１品作ってくれたんですけど、惚れてまうやろ——！という感じでした。

祝！結婚記念日（これはリアルなやつ）

美味しいおやつ食べて「これ好き！」って言っただけで「俺とどっちが好きなんだよ！」と究極の選択を迫ってくる夫ですが、本日、また結婚記念日を迎えましたことを大変嬉しく思います。

神降臨

この土日に夫に「大丈夫？　熱計っておいで！」って言われて計ったら微熱が出ていた。本人よりも夫の方がのるんのこと分かっているの。もしかして夫……神……!?

最近、夜眠れなくて調子が明らかに悪いんですけど、夫はホットアイマスクを買ってくれたり寝やすくなる方法を伝授してくれたりして協力してくれているのにそれでも寝付きが悪い私に昨夜は「俺の匂いを嗅いどけ」と腕まくらで抱きしめるという最終手段を使ってきました。いつもよりは早く眠れたと思う。

なんだっけ？

夫に話しかけると「ん？ なに？ チューする？」と返ってくること
あるんですけど「え、ん、いや」と怯んでしまい、「しないのか」と
言われてすかさず「するよ！！！！」と突進していって言いたい
ことを忘れてしまうことがある私ですが、めちゃくちゃ幸せです。

夫に好きだよって言うと「えっ⁉ 愛してるんじゃないの⁉」ってしょんぼりするから「愛してるし、好きだし、大好きだよ‼」って渾身の愛をぶつけると「世は満足じゃ」って本当に満足気な顔して手を繋いできたあと「あっ、オレも愛してるよ」ってキスしてくれるからそのまま抱いてくださいって感じだ。

ごめんね♡

昨日、夫と数億年ぶりにバトったんですけどあまりにも久々すぎてどうやってその感情を維持するのか忘れてしまい30分後には「今日のごはんなんにする？」と普通に会話していたので「ねぇねぇ、もう仲直りしていい？」と聞いたら笑って「そうしよっか」って言われてイッチャイチャしながらごめんね♡ってした。

毎日開催してる夫婦のおつかれ会でトイレに行きたくなって立ち上がった私を「あ、お嬢さん。どうぞ」と手を差し出してトイレまでエスコートしてくれて。いつも特別に扱ってくれる夫を思い出して、今ものすごく会いたくなってしまった……。

心は落ちていても

突然、なんの前触れもなく心が落ちて戻ってこない時あるじゃないですか。ここ数日ソレなんですけど、夫が私の好物のおやつを買ってきては「食べよっか！」って言ってくれて落ちている私の心を拾ってくれているので、そろそろ戻ってきておくれ、心さん…。

夫は愛してる。

コーヒー牛乳

子供たちから手が離れて休日に夫婦ふたりで過ごすことが多くなったなら、土曜日はスーパー銭湯にいって風呂上がりに待ち合わせしてコーヒー牛乳飲みながら夫婦ふたり仲良く過ごしたいな。

余は満足じゃ

不定期に「私のことどれくらい好き？」と夫に聞いてしまう重たい女なんですけど、「結婚してしまうほどに好き」「嫁ちゃんとの子供を欲しがる程度には好き」「そんなこと聞かれてもうんざりしないくらいに好き」と毎回「ほぅ…ならばよろしい」と満足してしまう答えを返してくる夫は一枚も二枚も上手。

優しさの遺伝

頭が痛くてフラフラしてたら次女が「大丈夫？ ごはん作ろうか？ スパゲティなら作れるよ」と言ってくれたんですけど、これが夫がいつも掛けてくれる言葉と似てることに気付き、そして何故か娘が初めて自分達を真似てバイバイしてくれた時のことを思い出して目頭が熱くなる体験をした。頑張ってグラタン作ります。

ゆずの香り

いつもやらない時間にせっせこお風呂を沸かし始めて「今日は末っ子は俺がお風呂入れるから先に入っておいでよ」と言う夫に促されるがまま久しぶりに１人でお風呂に入ったんだけど、ドア開けたと同時にいい香りがぶわっと広がった。ゆずが浮いてました……。わたし多分前世で世界を救ったんだと思う。

これだけで

幸せのハードルを下げれば下げるほど幸せになれる法則があると思うので、今朝の夫に「手を引っ張ってもらわないとどこにも行けない」と言って家の中をひたすら手を繋いでウロウロしたことも最高に幸せに感じる。

女としての私は甘えん坊だし、妻としての私はしっかり者を目指しているし、母としての私は男前だし、夫はどの私ともきちんと接してくれる。たまに疲れたなと思った時にはコーラ飲みながら古い親友のように話を聞いてくれるので、最高の人生を歩んでいる自信しかない。

足りないよ！

夫とやりたいこと多すぎて、今世だけじゃ無理なんじゃないかって思い始めた。

ぽかぽか…

夫と一緒に住み始めたのが春でぽかぽかの陽気だったからこのくらいの時期になると思い出して心が「きゅ――」ってなる。でも1年中思い出だらけだから年中「きゅ――」ってなってる。

のるんに質問　奇跡の夫婦の秘密

奇跡の夫婦のひみつ 1

運命の出会いってほんと？

ふたりが初めて交わした会話は？

お互いにゲームが趣味だったので、6人で一丸となり一つのステージをクリアしなくてはいけないいわゆる〝レイド〟に挑戦していた時の戦友でした。そこで軽い挨拶などはあったものの特に直接相手に話しかけることもなく進んでいき、終盤になってようやくふたり一組でやらなくてはいけない場面でペアになり、その戦いで私が死んでしまい、その時に交わした会話が初めてのものだと思います。なので初めての会話は、

「だいじょうぶ!?」

「すみませ…だいじょうぶッス」

恋したきっかけは？

私は、片付けが苦手な女なんですけど、夫が初めて私の部屋に遊びに来た時に（もちろん片づけは申し訳程度にした）部屋を見て、「頑張ってくれたのがすごくよくわかる」って言って私が頑張ったことを認めてくれた上に、「一緒にやろう」と言ってあれよあれよという間にキレイにしてしまった。テキパキと動く夫につられて、あれだけ苦手な掃除を自分も一緒になってやったことがすごく新鮮で、尊敬したっていうのがきっかけ。

どちらから誘った？

もちろん私からです!! なぜか夫のことが気になって気になって仕方がなかったんです!! とりあえず運命だったと言っています。

夫の第一印象は？

夫は『天空の城ラピュタ』が大好きで、ムスカ大佐のモノマネがめちゃんこ上手い。ことあるごとにムスカ大佐になっていたから、もうムスカ大佐にしか思えなかった。紳士的だなとも感じると同時に少し近寄りがたい雰囲気も感じた。

そこから夫は変わった？

今でもムスカ大佐の真似をするけど、最初に抱いたような近寄りがたいイメージなんかはすぐになくなって、気さくで良い人だなって変わりました。

はじめてのケンカ、原因は？

多分めっちゃくだらないことだったと思うんですけど……。はじめてのケンカは覚えていないです。ごめんなさい！

ファーストキスの思い出は？

ファーストキスは「なんだこんなもんかぁ」。夫とのファーストキス「うわうわうわまじか！この人とキスしてる!?」

夫にはじめて出会ったころの自分に声をかけてあげて

今すぐ役所に行って婚姻届けをもらってくるんだ。いいな？

結婚の決め手は？

『王家の紋章』というマニアックな漫画の存在を共有できたことと、その漫画に出てくるヒロインのモノマネをするとノリノリで付き合ってくれたことですね～。

家族と恋人の違いはなんでしょう？

個人的な解釈なんですけど、わかりやすく言えば恋人同士っていうのはお互い自分の会社があって、その取引相手みたいな感じで、結婚っていうのはその会社同士が統合して、家族っていう会社を共同経営していくような感じだと思う。だからこそお互いの金銭感覚の差が多少あってもやっていける恋人関係とは違って、結婚となると金銭感覚の違いが致命的になるし、どっちがどの程度仕事を請け負って、どの程度妥協していくのか、その辺りの擦り合わせや理解を深めることの大切さが重要になっていくんだと感じる。

プロポーズのことばは？

すんごいなんの変哲もない日だったんですけど、「のるんちゃんの夫になってもいいですか？」でした。ロマンチックとかそんなんじゃないんですけど、その言葉が心にグッときましたね!!

なんてお返事したの？

「うん…？ はい？ なんて言ったらいいか分かんないけどありがとうございます」。確かこんな感じだったと思います。いつもの返事みたいに「うん」って言っていいのか、それとも「はい」って言った方がいいのか、すっごくくだらないことで頭がいっぱいになった記憶があります（笑）。

はじめてのお泊りの思い出を教えて

はじめてのお泊り。そう、それははじめて手料理を振舞うチャンスでもある。夫の好物を…ではなく結構急に決まったこともあって、普通に予定していた献立を出した。その日はあんかけ焼きそばだったのだけど、夫は大層気に入ってくれて、ものすごく褒めてくれたことが今でも忘れられない思い出です。ちなみにあんかけ焼きそばは夫の「大好きな手料理メニュー」の一つになっています。

夫と結婚した分岐点を教えて

私が夫に告白したことですね。夫は恋愛にはかなり慎重なタイプだったので、思い切って告白して大正解でした!! たぶんこれをしなかったら、今の私たちはいないですね。

名字が変わるってどんな気持ち？

あるあるだと思うんですけど、保険証とか届くとちょっとこそばゆい気持ちになりますよね。

夫を動物に例えると？

犬。しかもゴールデンレトリーバー。真面目で誠実で賢くてとっても温厚、それでいて愛嬌もあって、まさにゴールデンレトリーバーでしょ？ 考えれば考えるほどそうとしか思えない。夫かわいいぃ。

のるんを動物に例えると？

圧倒的ネコ!! 夫の優しさと温もりを求めてもふもふ甘えにいく、やんちゃなネコな感じがします。

ふたりの相性は？

一見、合わなそうなふたりなんだけど、人は人、自分は自分なふたりなので心地よい距離感でお互いに干渉しすぎず、とっても相性はいいと思っています。と言うか、最高!!

夫のくせをひとつ教えてください

夫、とっても早口なんですよね。だからたまに聞き取れなくて何度も聞き直してしまうんです。私の聞き間違えが多いっていうのもあって、電話している時に全然聞き取れなくて、お互い半ギレになっていることもあるくらいです。

夫を今褒めて

私のこと好きでいてくれて、ほんとエライよね!!

夫の好きなところをひとつだけあげるとしたら？

夫は冗談をよく言うんですけど、毎回私にツッコミされるのを目瞑ったまま頭を差し出して待ってるところなんか最高に好きですね。

ある日夫が家出をした。さて原因は？

あんまり考えたくはないですけど、もしかしたら夫婦で大ゲンカして、絶対に言わないですけど私に「きらい!!」とか言われたとかかな～…アッだめ、悲しくなってきた。

夫の一番喜ぶことは？

デートに誘った時の夫が一番うれしそう。そのデートまでに日数があったりするとその数日間、ウキウキしてる夫が見れて本当にかわいいんですよ!!

夫にしてあげたいことは？

これはいつかしてあげたいことなんですけど、私は車の免許を持っていないので、どっかおでかけする時っていっつも夫が運転して連れていってくれていて有難いなぁって思ってるんです。将来、絶対に免許を取って夫を隣に乗せてブイブイいわせてやるんだ!! いろんなところに連れて行ってあげたいね。

夫にしてもらってうれしいことは？

夫が家に帰ってくるだけでもう嬉しくて嬉しくて……。それといつも絶対夫の方が大変なのに「おつかれさま」って抱きしめてくれたりするのホント好き。

夫が迷子になった。どこで見つかった？

甘党な夫のことなので、美味しそうな食べ物屋さんの前で立ち止まっていると思う。でも夫は多分迷子になった自覚がないから、逆に私に「どこいたの？ まったく」って言ってきそう。

夫の好物は？

夫の好物は、私がはじめて振る舞った手料理のあんかけ焼きそばとピザポテト。

夫にあだ名をつけて

リアルに使っているあだ名があるんですけど、夫とふたりの時に使ったりしているので内緒です!!

夫と今一緒にやりたいことは？

一緒にゆっくりと時間を気にせず湯船につかりたいですね。普段バタバタお風呂を済ませてしまうから、ゆっくりふたりきりでお風呂に入る時間ってなかなかないもん。

夫に感謝を伝えて

夫へ
いつも家族のことを真剣に考えてくれてありがとう
そして私のことも大切にしてくれて本当にありがとう
ちょうど今日これを書いている日は長女のお弁当を作らなきゃいけない日だったんだけど一緒にキッチンに立って作ってくれて、ついでだからって普段お家にいる末っ子の分までお弁当作って「喜ぶだろうねぇ」って出来上がったお弁当を両手で包んでデレた顔をしていました
そういうところ、ほんとうにほんとうに愛しています
ありがとう

のるんより

ふたりだけになれる2日間。なにする？

これは毎回なんですけど、〝ふたりきりだとめちゃくちゃに贅沢になってしまう病〟のふたりなので、朝から贅沢しに外へ出かけて、映画なんて観ちゃってそのままフラフラ気の向くままに過ごしたあと帰宅して、夜更かししてコーラで乾杯しちゃって最高な1日目を過ごした後、朝、誰にも邪魔されることなくひたすら眠って、ダラダラとお昼に起きて気だるい2日目を過ごします。大体ふ

たりきりになるとこのパターンが多い。恋人同士だったころはもっと夫婦みたいに家で一緒に過ごしたいって思っていたけど、いざ結婚すると恋人同士のように出かけられることが幸せに感じるのは、ない物ねだりですね（笑）。

ふたりで旅行へ。どこ行く？

伊豆に行きたい。夫とふたりで初めて行ったのが伊豆で、絶対もう一回行こうねって約束してるんです。途中、沼津に寄り道したりして、思い出すと止まらないですね……。また今度いつふたりで行けるかな。

今ふたりで食べたいものは？

普段家では子供たちが食べられないこともあって辛い食べ物に飢えているふたりなので、キムチ鍋とかタンタンメンを食べたいねって言ってるんですけど。なかなか食べれる機会がないので近いうちに食べたい!!

夫に言われて忘れられない一言

はじめて夫に愛してるって言われた時。なんか聞きなれない言葉でそわそわしたのを覚えてる。他にもたくさんあるんだけど、なんかあの時の「愛してる」が忘れられないんですよね。

夫の匂い、言葉で表現してみて

これは夫にも毎回言ってるんですけど、甘い匂いがするんです。なんとも言えない甘い匂い。洗濯したばっかの夫の肌着にも洗剤と夫の匂いが香っていて、本当に良い匂いになってる。遺伝子レベルで好きってことで間違いないですね。

夫の好きな表情、どんな時？

夫の寝てる時の顔が一番好きかも。寝顔、ずっと見てられる。夜、寝れない時に夫の顔をツンツンしたり眺めたりしている光景は結構シュールだと思う。

ひとりだとつまらないのにふたりだと楽しいことは？

趣味のゲームは毎日一緒にやってるんですけど、ある日たまたま夫がゲームをせずに寝てしまった時に、ゲームをひとりでしていたらすんごくつまらなくて、早々にやめて夫と一緒にお布団で眠ったことがありました。

今朝の夫を実況して

朝起きた夫、私にちょっかいをかけて起こそうとしてくれた。でも寝起きの悪い私がベッドの上でボーッとしていると、コーヒー飲む？って聞きに来てくれたけど「いらなーい」と断られてしょんぼりしていた。

夫のために今日したことは？

夫がヤマザキパンでやっている「秋のわくわくプレゼント」のディズニーチケットに応募するためにポイントを溜めこんでいたので、応募はがきにポイントを貼り付けて出しておいてあげた。

初めてのチューは、どこで？

私の家で、です。恥ずかしいのでこれ以上はノーコメントで。

夫に泣かされたことは？

嫌なことされて泣いたことはないです。夫と意見の食い違いがあって話し合いをしている時に、感情が高ぶって泣いてしまったことがありますけど、話し合いで泣くとか完全に面倒くさいやつじゃんって思ったら情けなくて、余計に涙が止まらなくて困ったってお話です。

夫にイライラしたことは？

我が家にはオーブントースターがなかったんですけど、夫が私にプレゼントって言って買おうとしていて、家事炊事道具をプレゼントって違うでしょ！ってイラっとしたので夫に文句を言ったことがあった。夫はハッとしてすぐに謝ってくれて、そのあとオーブントースター買わない？って相談してくれたので買いました。

ふたりだけに通じる「言葉」がありますか？

便意を催した時に「時が満ちそう」って言います。これは夫が言い始めたんですけど「ストレートに言うと下品でしょ！」って言ってました。

ピンときた！ なんだった？

夫の声です。あんまり人に対して興味がなくて、誰と話していても声なんて気にしたこともなかったのに、なんかとても落ち着く声で妙に気になったのを覚えてます。こういうのが後から思えばピンときた！ってことなのかな？

ふいに夫と目が合った。なんて言う？

愛してるって言います。いつも言ってるので。でも言わない時もある。だけどだいたいそういう時は、近くに行ってちょっと触ったり手を繋いでみたり、なにかしらしたくなっちゃう。

今朝の見送りの様子を教えて

最近寒くなってきてお布団からなかなか起きられない様子の夫だけど、頑張って布団から体を引っぺがして準備した後に、眠そうな目をこすりながら、まだ寝ている末っ子を起こさないように静かに「行ってきます」って出て行った。かわいいね。

もしも夫が記憶喪失になったらどうする？

できることなら、もう一度。だけど夫の傍にいて夫のためになるならなんでもやると思う。それが夫の妻という関係じゃなくても、絶対一緒にいたい。

夫からもらったものの思い出をひとつ

アクセサリー類をあまり持っていない私に夫が「これはのるんがどんな場面でも着けられるよう」にってダイヤのピアスを買ってくれたことがあった。夫のパソコンの検索履歴には値段の相場とか種類、顔の大きさに合わせたカラットの良し悪し、カットの仕方などたくさん残っていて、夫らしい几帳面な選び方に愛を感じた。

夫とのるん、どちらの愛がおおきい？

これ、喧嘩になるので言い逃げしてもいいですか？いいですよね？もちろんこの私です！！！！！！だって夫がゲームしてても、ごはん食べてても、寝ててもかわいいって思うんだから!!

結婚の条件は？

条件というのはないんです。ただ夫のようにひたすら私を愛してくれて、夫のようにいい匂いがしていて、夫のように最高な男ってことですね!!現実的なことを言えば、まともな話が冷静にできることと、必要最低限人間らしい暮らしができている人ってところです。

子供のころの自分に夫を紹介して

こんにちはのるん。こちらは妻の大好きなお菓子を仕事終わりに買ってきてしまったり、妻の腸内環境を心配して毎日一本、乳酸菌飲料を飲ませていたり、妻にデートしたいねっていわれてうっきうきになってしまう真の愛妻家で将来のあなたの夫です。

嫉妬するのはどんな時？

すっごく嫉妬深い女なので、勝手に不安になっていわゆるメンヘラって言われるようなタイプの人間なんですが、夫と一緒になってから嫉妬という概念がどっかにいっちゃった。なにこの安心感。メンヘラは不治の病じゃなかったんだ…という気持ち。

ラインの返信がない！　夫はなにしてる？

返信がない？ 夫なら今私の腕枕で寝てるよ。

今日は休日。なにする？

休日は基本的にお掃除の日で、夫と手分けして洗濯やら平日できないような細かいところを一緒にキレイにするんです。あとは一週間分の買い物とかして、子供たちが遊びに行ってる間に末っ子と一緒に3人でおやつ食べたり、夕飯の準備とかするよ。

夫にあってのるんにないものは？

圧倒的な几帳面さ!! 大雑把な私には絶対無理っていうような組み立て式の家具とか信じられないくらいきれいに作り上げる。そうしないと納得のいかない夫なので、私は途中で飽きてごはん作りに行っちゃったりする。

のるんにあって夫にないものは？

私は数字に対する記憶力がいいんですけど、自分の家族や友人はもちろん夫の両親、友人とその子供の誕生日まで覚えてしまって、夫には「すごすぎ…」ってよく驚かれます。

「かわいい！」って思うことを教えて

夫は炭酸飲料が大好き。よくコンビニに寄り道しては新作のジュースを買ってきて「これ新しいの出てて、一緒に飲まない？」って誘ってくるの、ほんとかわいい！って思う。

夫のために買ってあるものは？

金曜日に一週間の疲れを癒すためのコーラを買っておきます。夫はそれが楽しみで平日は大好きなコーラを我慢しているから、絶対欠かせないですね。

夫婦ってなんだろう？

お互いが好きであることが最低条件だけど、あとは尊敬できる相手かどうかだと私は思ってる。夫もそういう考えの人だから一緒にやっていけてるのかもしれない。

はじめてのメール、覚えてる？

覚えてないんです、ごめんなさい！ まだ付き合っていないころに交わしたメールで覚えているのは、年末に夫の実家でお餅をついている様子の写真を送ってくれたこと。

はじめてふたりで揃えた家財道具は？

テーブルだったかな。それまで使っていたものよりも、おおきいものに替えて、そのテーブルに夕食を並べて夫と「いいね」ってニコニコした。

夫を色に例えると何色？

みどり色！

その理由は？

一緒にいると落ち着くし、夫の腕の中は森の中にいるような気持ちよさがあるから!! 深呼吸しちゃう。

一番ロマンチックだったシーンを教えて

はじめてふたりっきりで旅行した時に露天風呂付のお部屋だったんですけど、ふたりでお風呂に入りながら夫が「日本全国一緒に旅行したいって言ったけど、思い出の場所ってことで定期的にここに来てもいいかもね」って言ってて、ふとふやけた指も目に入って本当にしわしわになるまで何度でも来てもいいかなって思った。

夫婦喧嘩のセリフを教えて

お、思い浮かばない…。

ラブラブの秘訣をひとつ

毎日少しでもふたりきりの時間を持つこと。

ふたりで協力していることは？

夜、ふたりで過ごす時間のために、晩御飯食べ終わったら片付け係とお風呂係を分担しています。

昨日の会話をひとつ教えて

のるん「こないだ買ったマ○○マスとかいうカップ焼きそば、めちゃくちゃまずくてビビった」

夫「名前からしてまずそう」

のるん「冒険してみたんだけどダメだった」

夫「でもまた次新しいの見つけたら冒険しちゃうんでしょ?」

のるん「うん（笑）」

夫「いいよ」

のるん「てんきゅ」

昨夜の献立教えて

前日作りすぎて余ったホイコーローと夫リクエストのからあげに、白菜がたくさんあったから白菜の味噌汁にレタスとツナのサラダです!!

夫の家での役割は?

我が家で唯一の男なので、力がいる作業とか家の中に侵入した虫を退治してもらっています。そして夫は私よりも聞き上手なので、娘たちから学校の話などを聞いてもらっていて、とても助かっています。

10年後、ふたりはどうなってる?

10年後といったら長女も次女も成人していて末っ子もおおきくなっていて、今よりももっとふたりで過ごせる時間が増えるんじゃないかな。いいな、羨ましいな、10年後よ、はやく来い!!

結婚して変わったこと、ある?

外出時間が短くなりました。付き合っている時はもっと一緒にいたい気持ちで、家に帰らず朝から晩まで遊びに出かけていたけど、結婚してからはずっと一緒にいるからか2，3時間おでかけすると「じゃあ、家に帰ろっか」「今日の夕飯なんにする?」ってなる。この変化が一番わかりやすかった。

変わらないことは?

私が相変わらず夫のことを愛しているってことは変わらないです。

夫はなにに似ていますか?

ムスカ大佐しか出てこない。

ふたりの約束ある？

「絶対に夫よりも先に死なない」って夫に約束しています。夫に伴侶が先立たれてしまう悲しい思いは絶対にさせたくない。それに「夫の遺影の前で新作のゲームをやって自慢してやるんだ」って夫に宣言してる。

夫になおしてほしいことは？

今のままでいいよ。

ふたりの共同作業は？

夫がレモンを切り、私はコップに氷を入れる。そしてそのコップに夫がレモンを絞り、私がコーラを注ぐ。これが毎週行われている夫婦の共同作業だ。

夫が誘拐された！ どうする？

警察に通報してあとは任せます。子供たちのことも心配なので、実家かどっかに避難してあとは祈るしかできない……。精神的に死んでしまう。

初恋の相手と夫は似ていますか？

初恋の人は小学1年生の時、みんなで鬼ごっこをしている時に私が捕まって鬼になったらその男の子が駆け寄ってきて「オレにタッチしていいよ」って言ってくれたイケメンだったんですけど、夫も私が体調が悪いと「俺がやるからいいよ」って代わってくれるイケメンなので似ているのかも!!

出会った時にビビッときましたか

ビビッときたと感じたことはないんですけど、夫のことが初めから気になって気になって仕方がなかったのは事実なので、無意識にビビッときていたのかも。声に匂いに話している雰囲気もすごくよかった。その感覚に間違いはなかったですね!!

運命のひとを信じる？

信じたい！ でもそんなにロマンチストじゃないから信じる!! と言い切れないのが悔しい。

奇跡の夫婦のひみつ
2

愛が深まる秘訣は？

いままでの彼と夫の決定的な違いは？

これは夫にも言ったことあったんですけど、夫は自分の好きなものを自分だけではなく、私にも共有してくれたんです。私が全然興味なくても「これはあーでこーで」って説明してくれて、私の世界をどんどん広げてくれた夫にすごく感謝しているし、そのおかげで私はシャア・アズナブルが大好きになった。

結婚してよかったことを3つ教えて

精神的に安定するようになったこと。
夜、ちゃんと寝られるようになったこと。
料理のレパートリーが増えたこと。

結婚して不自由になったことを3つ教えて

結婚して不自由になったことってあんまりない。結婚してというよりも出産してそう感じることの方が多いように感じる。結婚して親元から離れて自分たちの力で生活していて、不自由と思ったことはないです。

理想の結婚生活と今、どう違う？ 違わない？

正直結婚に関していいイメージがなかったので、理想の結婚生活ってなくて、漠然と好きな人ができてその人と結婚して…くらいにしか考えたことがありませんでした。だからそのころの結婚に抱いていたイメージから考えると今はすごく幸せで信じられないくらいですね。あの頃の自分に言ったら、絶対信じないと思う。

料理、洗濯、掃除、得意なのは夫とのるんどっち？

ふたりとも苦手です。だから一緒にやる。唯一料理だけは「自分が美味しい物を食べたいから」という意見が一致していて精進しています。

共通の趣味は？

ゲームです。夫と毎晩、子供たちが寝てからするゲームは本当に最高ですね。新作のゲームが出ると、平日でもコーラで乾杯しながらやっています。

ふたりの「おそろい」ありますか？

夫と一緒に買ったタヌキの湯飲みがあります！ 休日はもっぱらコーラばっかり飲んでいますが、平日の夜にはふたりで緑茶を淹れたりして飲んでいます。どっかのホームセンターでかなり前に購入したものなんですけど、すごくお気に入りなんですよ!!

ハグ派？ キス派？ 手繋ぎ派？

私は欲深な女なので、ぜ————んぶです！

好きでいてもらうために努力していることは？

ダイエットがんばってます!! 結構サボったりしているけど…。もっとがんばるぞー!!

毎日必ずしていることは？

毎朝、夫のお見送りの時にキスしています。それと寝る前におやすみのキスも忘れずにしています。これをするだけでがんばろうって思えます。

「浮気」はどこから？

浮気ってしようと思わなきゃできないことでしょ。なりゆきで〜とか絶対にない。だって好きな相手とじゃなきゃそういう関係にならないんだから。身体の一線を越える前に、心の一線を越えるなにかがふたりの中にはあったはず。パートナーに異性のことで隠したいなにかができた時点で、もうそれは浮気。

夫に「おねだり」なんにする？

最近ショッピングモールでみかけたネコの枕カバー……。

夫にサプライズ、なにしよう。

子供たちを母にお願いして、かねてから夫がしてみたいと言っていた新幹線での旅行に出かけたいですね。駅弁2種類買って、ふたりで半分こしようね。

ふたりの記念日、いくつある？ 全部教えて

あまり記念日ってこだわらなくて、付き合った記念日と結婚記念日と娘たちの誕生日が全部記念日だと私は思っていて。結婚記念日に関しては毎年ふたりでお祝いしていて、次の結婚記念日はなにしようね？ 今から楽しみだね。

いちばん大切な記念日は？

やっぱり結婚記念日ですね。ふたりで決めて、ふたりで生きていこうって約束して婚姻届けを出したけど、意外に手続きが多いし、時間もかかるしで婚姻届けを出した時はあんまり実感ないねーなんてふたりで美味しいもの食べて帰った、とても大切な記念日です。

お祝いといえば、なに？

夫婦水入らずでするのが恒例。ふたりだけでお祝いすると幸福ゲージが爆上がりしちゃう!!

「話しかけないで！」って、どんな時？

女の子の日が近づいてくるとイライラするタイプの人間なんですけど、本当にどうしようもないくらいイライラしている時は理由を告げてから「話しかけないでほしい」と伝えています。

「なぐさめて」って、どんな時？

私結構ミスが多くてポンコツなんですけど、夫がそれを見るといつもなぐさめてくれるんです。夫には私が失敗して落ち込んでいた時になぐさめてほしいって思います。

「ひとりにして」って、どんな時？

たま――に、なんでか心が沈んでしまって浮かんでこないことがあって、そういう時に夫は私を元気づけようとがんばってくれるんですけど、それが逆に申し訳なくて。とりあえずひとりにしてくれって思うことがありますね。

眠る時のポジションを教えて

夫は右側で私は夫の左側、夫は壁と私に挟まれて安心す

るって言ってて、私は携帯の充電する場所が近いのでついつい携帯をいじってしまうんですけど、夫は待っててくれてムフムフしちゃいます。

夫に内緒にしてる「秘密」がありますか？

ないと思います。あるとしたら、それはただ単に伝え忘れていることだと思うけど、ない！

夫にウケる「セクシー」は？

夫に近づいて手を掴んで自分から抱きしめられにいくと、夫が「どうしたの？」と言って「ぎゅうってし」って言ってくれるので、これは鉄板ですね。

夫の「こだわり」は？

パパの作るカレーが美味しい！と言われる父親を目指しているらしく、夫がカレーを作る時は「予算無視カレー」と名付けてすごく美味しいカレーを作っています。

のるんの「こだわり」は？

こだわりはないです！その時のフィーリングで生きています!!

ケンカの仲直り方法は？

大抵、夫からごめんねって謝られています。夫にごめんねって謝られると、自分も悪いところあったのに夫にだけ謝らせちゃってすごく悪いことしたなって感じて、私も「ごめんね」って謝りにいきます。自分の悪かったところを認めてすぐに謝れる夫は大人だなって尊敬します。

夫に愛される秘訣は？

愛してることをしっかり伝えることだと思います。好いてくれない人を好きになれる人ってほぼいないだろうし、きちんと伝えることが大切だと思います。〝察してちゃん〟が一番良くないよ。

宝くじで1000万円あたった！なんに使う？

3泊くらい家族で旅行にいきたい!! 夫とデートに行って美味しいものたくさん食べたい!! あとは家のローンを繰り上げ返済したい…（切実）。

結婚してやめたことある？

お風呂をシャワーだけにするのをやめました。

夫と湯船に浸かりたいってこともあるんですけど、なんか自然とシャワーだけじゃなくなりました。

夫に期待することは？

今日、お掃除がんばったのでアイス買って帰ってきてくれないかなぁ。

夫にすすめたい本や映画は？

ぜひ『セーラームーン』のマンガを読んでほしいですね。『セーラームーン』をこよなく愛する私の切実なお願い。大学生のまもちゃんは中学生のうさぎちゃんに運命だからって手を出してるけど…、高校生がなぜか車乗り回していたりするけど…。

仲良く暮らす「コツ」を教えて

結婚したからといって人は人、自分は自分だってことを忘れないことだと思います。そう思うからこそ相手を尊重する心を忘れないでいたらいいと思います。

今、夫はなにをしているでしょう

真面目にお仕事している夫を想像するととてもいいですね。家ではあんなに妻にデレデレなのに…。ホント最高です。

夫の仕事についてよく知っていますか？

仕事であったことなんかはよく聞いたりするけど、知らないことの方が多いと思う。

一緒になにかをする時、誘うのはどっち？

これはふたりともです。「お風呂沸けたんだけどいく？」とか「ちょっと出かけようと思うんだけどいく？」とか「ネコがベッドで寝てる!! 吸いにいくぞ!!」とかなんでも。

いままで一番うれしかったプレゼントは？

『キングダム ハーツ』というゲームのファンである私は、14年ぶりにそのゲームのナンバリングタイトルが出ると知ってすごい喜んでいたんですけど、それを見た夫がそのゲームの壁掛け時計をプレゼントしてくれたことが本当に嬉しかった。部屋に飾ってあるんですけど、本当にきれいで今でも最高にうれしい。

褒め上手なのはどっち？

断然、夫ですね!! 褒め上手すぎちゃって、夫の掌でくるくる舞い踊っていても全然気にならないくらい。

理想のデートを教えてください

朝は、夫と一緒に起きて朝ごはん兼昼ごはんを適当に済ませたあと、映画を観に出かけ、そのまま夕飯も外で済ませて、家に帰ってコーラを飲みながらゲームする。これいつものデートですけど、最高に素晴らしいデートプランだと思う。

ドライブで行きたいのはどこ？

ありきたりだけど、海!! 昔から山と海なら絶対海を選んでいたし、匂いとか海で食べるものはいつもの数倍美味しく感じられるから。

大地震！ どうする？

まずは子供たちを連れて安全な場所まで避難が先決。実際はテンパってそれしかできないと思う。少し落ち着いたら、繋がらないだろうけど夫や家族に連絡をしたい。

夫が好きでいてくれている理由は？（想像で）

それはもちろん、私が夫を好きでい続けているからかな！ 相思相愛!! ラヴ!!

夫が好きな手料理は？

あんかけ焼きそばをものすごく気に入ってくれてるんだけど、夫はその他にも私の作る油淋鶏を気に入ってくれていて、これを出せば間違いないっていう手料理ですね。

それはいつ作ったの？

結婚してしばらくしてから。何気なしに「なんか新しい料理に挑戦してみよう」って思って挑戦してみた感じです。

その反応は？

最初は「ゆーりんちー？」って聞いたことはあるけどあんまり食べたことがなかった様子で〝？？？〟をたくさん飛ばしていた夫は、一口食べて「これ美味しいね！」と言ってごはんをおかわりしていました。

髪を切りました。夫はなんて言う？

「髪切ったんだ！ いいじゃん!!」

ふたりが手を繋ぐタイミングは？

気にしたことなかったです。本当にふとした時にぎゅって握って離す時もあるし、目が合って手を握りに行くこともあるし、寝る時は必ず手を繋いでいるのでどんなタイミングでも繋ぎたいと思ったら繋ぎます!!

おやすみの前の習慣を教えて

夫と一緒に洗面台に行って糸ようじでフロスして仲良く歯を磨いてからお布団に入るのが日課です。

これをやられたら許せないことある？

もちろん浮気。夫のことは信頼しているのでないと思うけど、浮気だけは許せないと思う。

子供のころに考えていた「結婚」といま、どう違う？　おんなじ？

子供のころは、おおきくなれば自然と好きな人と結婚して、子供ができて仲良く幸せに暮らしました、になるんだって考えていたんだけど、大人になればなるほどそれは幻想で、好きな人なんてそんな簡単にできないし、恋人になれたとしても、関係を維持するのが難しい。それらをクリアして結婚できたとしても、いままでとは違う問題に直面することだってある。いろいろ現実を知ってしまうと結婚ってすごいことだなぁって本当に思う。

家でふたりでなにして過ごす？

ふたりで、家で…？　そんなの決まってるでしょう…？　ゲームするでしょ!?　最近はＰＣでサンドボックス系のゲームにハマっていて、気が付いたら時間があっという間に過ぎてしまう恐ろしいゲームがあるんですよ…。

子供っぽいのはどっち？

私ですね。駄々こねたふりしてわがまま言うと夫がいつも「よしよし」してくれるので、つい調子に乗ってしまいます。

我慢強いのはどっち？

夫かな。私と結婚生活が続いてる時点で、我慢強すぎだと思う!!

ひとりでやりたいことは？

家でひとりでベッドから一歩も動かずに過ごしたい。

プチ贅沢していいよ。さてなにする?
お菓子の「小枝」のファミリーパックを独り占めする。

夏になったらなにしよう?
昨年、キャンプ用品をどっさり買いまして。また家族でキャンプに行きたいです。今度はもっと難しい料理にも挑戦してみてレパートリーを増やすぞ!!

寒くなったらなにを食べようか
鍋。これは水炊きでもいいし、なんでもいい。鍋は楽だし、寒くなってくると白菜が安くなるから本当に助かる。

「愛してる!」を伝える方法を3つ教えて
直接ストレートに「愛してる!!」。なにか飲む? と聞いてコーヒーやお茶を淹れてあげる。夜寝る時に夫のお布団を掛けなおしてあげること。が、私が愛してるが溢れた時にする行動です。

節約のルールを教えて
「ちゃんと自炊をする」のが一番の節約だと思ってる。外食は3か月に1度程度で、あとは娘の誕生日に美味しいもの食べに行こう! とかするくらい。自炊に勝る節約はなし。

新居のこだわりは?
「今の家よりも良くなればなんでもいいかな」と言って夫を困らせた女は私です。

夫と出会って変化したことは?
よく笑うようになった。穏やかになったし、精神が安定してる。

いたずらしてやれ!
おしりを「情熱大陸」のリズムに合わせて叩いちゃう!!

夫がピンチ! 声をかけてあげて
私と死ぬまで新作のゲームやるんじゃないの!!

甘えたい時はどんな時?
飼いネコを夫が愛でている時。私も! 私も! ってなりますね。

クリスマスの思い出は?

クリスマスに私の母のところに遊びに行ったら「たまにはデートしてきなさい」って夫とふたりで外に出されたことがあったんですけど、クリスマスに夫とふたりきりで過ごせるなんてってふたりでウキウキしながらおでかけしたのに、最終的に買ったのは家族みんなで食べる用のドーナッツだったって思い出。

今年の目標は?

今年の目標はもう少しひとりの時間も作ってみたいですね。

それぞれが家で決められた仕事ある?

特にないです。基本的にできる人ができる時にやるというスタンスなので、どちらがやってもきちんと生活が回るようにはなっています。もちろん夫は仕事をしているので、その間は私中心に家事と育児をやっていますが、休日は夫がかなり積極的にやってくれるので甘えすぎてしまうことも…。

邪魔されたくないことは?

おやつ食べてる時に「太るよ」っていって邪魔されるのは嫌だな。

夫よりのるんが優れていることは?

数字の記憶力。日付や予定の管理。例えば、昼に娘と散歩に行ってコンビニで買い物した話をした時に、その時の会計がいくらだったか、おつりはいくら貰ったかなどを細かく覚えていて、夫にびっくりされることがある。

「贅沢だなぁ」って、なにした?

ピザ頼んで家族で映画を観ながらコーラ飲んで1日を終えた。

夫のために冷蔵庫に常備しているものは?

味ぽんマイルド。夫はこれが大好きで、唐揚げにも鍋の時も、ポン酢を使うような料理の時は必ず使えるように常備しています。私はごまだれ派だったので、味ぽんマイルドなんて代物があるのを夫と結婚してから知りました。

寂しがり屋なのはどっち?

夫かな。私が出産で入院している間、全然元気がなくて可哀そうだったってタレコミがあったので。

怒りんぼなのはどっち？

私です！ 私、いっつも怒ってばっかですよ!! 子供たちにも言われますし、毎日ゴリラみたいですよホント。その分、夫が優しいからバランスはとれてるのかもしれないです。

ふたりでチャレンジしたいことは？

パラグライダーをしてみたい!! 空を飛んでみたいってずっと思っていて、いつか絶対に夫といくぞ!!

夫に教えてもらったことは？

レゴブロックに詳しい夫が「レゴブロックに入ってる樽のフタはレアなんだ」と教えてくれた。

夫に教えてあげたことは？

元吹奏楽部員の私が「私が吹いていたユーフォはトロンボーンとマッピが一緒」ということを教えてあげた。「じゃあトロンボーンできるの？」って言われたけど、「吹けるけど、腕が届かなくて全部の音が出せない」ということもついでに教えてあげた。

ふたりの買い物の思い出を教えて

長女と次女が買い物にはついて行きたくないと遊びに行ってしまって、仕方ないから三女だけを連れてお買い物に行った時の話。スーパーの前に焼き鳥の屋台が出ていて3人でこっそり買い食いしたんだけど、それがなんかすごく美味しかった思い出。

思わずついたちいさなウソを告白して

夫と付き合い始めのころ出先で笑った拍子におならをしてしまって、「私じゃないよ」とウソついたことがあります。

この1年間で一番笑ったのはどんな時？

夫がお風呂で洗顔中にたっぷり泡を顔につけたまま振り返り、映画『ハロウィン』に出てくる殺人鬼のモノマネをして、末っ子の持ち込んだしょくぱんまんの指人形で襲ってきたことですね。本当に笑った。発想が斬新すぎてめっちゃ好きってなった。

大事な時間、いつですか？

もちろんふたりきりの時間です。一日のなかでふたりきりの時間ってほんの数時間しかとれない貴重な時間。その時間に子供たちの話をしたり、趣味に時間を使ったり、大事なオトナの自由時間です。

最近、ドキドキしたことは？

夫が爪を切っていて、それを知らずに話しかけたら「今大事なことしてるから」って言った後に「今夜使おうと思ってるから丁寧に切っておかないと」と目を見て言われたことです。

今、一番欲しいものは？

時間が欲しい。ひたすらゆっくり自分のためだけに使える時間。でもきっと寂しくなっちゃう。

30年後のふたりはどうしてる？

30年後と言えば夫の定年まであと数年ってところ。子供たちも巣立っているはずだし、夜はふたり分の食事を作るってことですよね。ふたり分の料理って分量分かんないよね…それも得意になってるのかな。ふたりだけの食卓だけど絶対楽しいよね。楽しみだなぁ。

奇跡の夫婦のひみつ
3

どこまで好きになっていいの？

夫のために犠牲にしていること、ある？

ないと思う。でも、もし犠牲にしなくちゃいけないことがあったならすると思う。

これをされたら許しちゃうことは？

夫にしょんぼりした顔されるとだめですね。なんか怒っていてもどんどんトーンダウンしていって、もう許す、ってなっちゃうずるいよね。

夫の身長、体重、知ってる？

夫マイスターの私が知らない訳ない。

ずっとこのままで…どんな時？

朝のお見送りにハグしている時。今から離れると思うとずっとこのままで…って思ってしまう悪い女です。

一緒に笑った思い出を披露してください

夜寝ていた時にいきなり夫がベッドの上で走るようなモーションをしだして（しかも全力疾走）。肘が何度も私の肩に思いっきりぶつかってめちゃくちゃ痛かったんだけど、なんかあまりにも夫が必死にベッドの上で息切らしながら走ってるから、それがすごく面白くて夜中にゲラゲラ笑った思い出。夫は覚えてなかったけど、次の日に教えたらめちゃめちゃ笑ってた。

夫の持ちギャグを教えて

多彩な変顔ですね。棚の上に座ってる飼いネコに変顔して近づいたら猫が吐いたっていう伝説付き。

ふたりのテーマソングがありますか？

夫にも聞いてみたんですけど、たくさん候補が出すぎて決められませんでした。ゲームの挿入歌に結婚式に使った曲、「情熱大陸」に「ターミネーター」のアノ音楽……。考えてみるとたくさん音楽聴いたなって思い出話になっちゃってだめですね。

料理を大失敗！　言い訳してみて

ごめんなさ――い!! 夫に見とれてて手元が狂っちゃったヨ。

夫の不在、何時間まで耐えられる？

5分。5分経つと寂しくなってしまうので、毎日夫が仕事に行ってる間は、屍のようになっています。

束縛、する？

今はしない。

束縛、される？

されない。もしくは束縛と感じていない説。

夫の態度で「愛されてる」と思うことは？

ちょっと体調が悪い時にラインで伝えるといつもより早めに帰ってきてくれて、「寝てて」って言って夕飯を作ってくれるんです。そういうところに愛をひしひしと感じて、ありがたいなって思います。

無人島になに持っていく？

夫です!! 物知りだし、夫と一緒なら楽しく無人島生活できそう、とまで思ってしまう。

次のお休み、なにする？

そうだなぁ、なにするかなぁ。お掃除したり、夫と買い物に行って夕飯の献立考えたり、お昼から晩御飯の下準備を始めたり、Huluでアニメを観ながらダラダラしたりしたいですね。

ふたりのアルバム、いちばん大切な写真は？

ふたりで旅行した時に富士山の見える脇道に車を止めて、コーラを持ちながらポーズしている夫の写真がとってもお気に入り。その夫がとても爽やかで私のスマホのキーボードの背景コレクションに入ってます。

飽きずにやることは？

末っ子はハマるとしつこいくらい同じことを要求してくるので、この間もお風呂でしょくぱんまんの指人形に入れたお湯を飲むふりして、ままごとに付き合っていた夫はひたすらお湯を飲まされ続けていて、私に助けを求めていました（笑）。

ふたりに足りないものがあるとしたら？

圧倒的、睡眠！　お布団に入ってからもついつい話しすぎちゃって寝るのが遅くなりがち…。

ふたりに余計なものがあるとしたら？

夜食…。食べちゃダメって思っていてもどうしても誘惑に勝てないことが多くて困っちゃうよね…。

ふたりは似たもの夫婦？

似たもの夫婦!!　ふたりとも話し好きでノリが良いのでぽんぽんとテンポのいい会話ができて話が尽きない。だからずっと話してられるんですよね。でも話し過ぎてなに話したか忘れちゃう。

守ってる？　守られてる？

守ってるし、守ってもらってる。私も夫もお互いの存在が精神的安定に繋がってると考えてる。いつまでも安定が続いてほしいですね。

夫に点数をつけるとしたら何点？

１０００点!!　ほんと、夫サイコ——!!　おしり叩いちゃう!!

惚れ直した！　なにがあった？

長女が返却された算数のテストを渡してきて、私に似て数字が苦手なのでお察しの点数だったのですが、夫が娘に算数をがんばって教えてて、その姿がなんかとっても良かったんですよねぇ（惚れ惚れ）。

夫の言葉で笑った思い出をひとつ

夫にふといたずらしたくなってわき腹をツンツンってしたら、ものすごくタイミングが悪かったようで「あああああ!!」とわき腹をかきむしった後「納得できない!!」と言い放ったその一言がもう面白くて面白くてたまらなかった。

久しぶりの夜更かし。ふたりでなにする？

ゆっくり映画でも観たいです。ＳＦとホラーが大好きで、宇宙とか深海とかそういう未知のものにどうしても惹かれてしまうふたり。夜更かしっていいね。

ふたりの「いつもの」ってなに？

いつものっていえばコーラなんですけど、週末「金曜ロードショー」が終わるころになると夫が「そろそろ…いっちゃう？」と言って、本来お酒をグイッと飲むようなポーズで誘ってくるんですけど、その時の夫の目がキラキラしててかわいいんですよ!!

夫のしたことでびっくりしたことは？

まだ末っ子が生まれていないころ、私の母と一緒に家族でアスレチックのある公園に遊びに行った際に、次女に夫が付き添ってターザンロープで遊んでいたんですけど、次女の番になって出発したらちいさな子供が飛び出してきて、危ない!!って思った時に夫がその子供をバッと引っ張って助けたんです。いつも温厚な夫の見たことのない動きの速さにびっくりしたことがありました。

桜の思い出を教えてください

末っ子が生まれたのはちょうど桜が満開のころで、立ち会い出産して一時帰宅した夫が当時住んでいた家の近くで咲いていた桜を見て泣いたっていう話。そして末っ子の名前が桜にちなんだ名前になった思い出。

ふたりの冒険とは？

大好きなゲームで一緒に冒険すること。金星に行ったり月に行ったり、空を飛んで移動したり、ダンジョンを攻略したり、景色のきれいなところで一緒に写真を撮って、ゲームとはいえ素敵な思い出がたくさんあります。これからもたくさん夫と冒険したいな。

これだけは理解できない、夫の趣味は？

基本的にないです。夫の趣味に口出す気もないし、理解はしているつもり。

夫の見習いたいポイントは？

優しさです。私は夫よりも優しくないから…。夫は私が怠けているだけなのに体調が悪いのかと心配して気遣ってくれる。その優しさを見習いたい。

寂しい時にひとりでできることは？

スマホのキーボードの背景になってる夫を見て元気を出す。あとは寝て、ひたすら時間を早送りする。

笑いのツボ、一緒？ 違う？

似ていると思います。ふたりともサンドウィッチマンが好きでよくYouTubeで一緒に見てゲラゲラ笑ってるほどです。あのシュールな感じが好きなんですよねぇ!!

食べ物の好み、一緒？ 違う？

味付けに関してはものすごく相性が良くて、私は基本的に甘めな味付けが多くて味噌汁も薄味よりも濃い味だけど、違うところもあって、フライドポテトなんかは私がカリカリ派、夫がホクホク派。そして世では相容れないと思われている〝たけのこの里〟と〝きのこの山〟問題、私がたけのこ派、夫がきのこ派だけど、仲良く2種類買っておすそ分けをするほどには上手くやっています。

夫の身体で好きなところは？

夫が将来ハゲるって宣言している頭。腕枕してあげてる時に頭皮の匂いをこっそり嗅ぐのが最高。

「ありがとう」を言葉以外で感謝を伝える方法。

マッサージと耳かきを丁寧にしてあげる。夫は耳かきが大好きで綿棒でキレイにしてあげるとすごく嬉しそうにしてくれるので、こっちまで嬉しくなっちゃいます。

夫が得意な家事はなんですか？

うーん、なんだろ。家事って好き好んでやりたいと思えるものじゃないから…。でも、料理はとても楽しそうに作るし、みんなに美味しい！って言われると嬉しそう。

夫にお礼を言いました。なにしてくれたの？

ちょうど昨日、夫が帰宅した時に夕飯の準備をしていたんですけど、夫が部屋着に着替えた後にキッチンに来てくれて、一緒に夕飯を作るのを手伝ってくれてお礼を言ったばかり。夫が私と一緒になにかをしてくれるたびにありがとうって思う。

夫が落ち込んでいます。どうしますか？

散歩に誘ってみたり、夫の好物を作ってみたり、そもそもなんで落ち込んでいるのかを聞いて一緒に悩んであげたい。

眠れない時の特効薬を教えてください

夫の腕を引っ張り出してセルフ腕枕してから夫の匂いを嗅ぐとすぐ寝られます。匂いを嗅ぐと深呼吸にもなるから本当にすぐ眠れる。

疲れた時の回復薬を教えてください

たくさん砂糖をいれた甘いコーヒーです。それを飲めばもうひと踏ん張り！ができるので、家にはコーヒーが何種類か置いてあります。

夫の欠点を教えてください

よく大切なものをどこに置いたか忘れてしまうところですね。なんでそんなものを…！ってやつをなくして探し回る夫の姿をよく見かける気がします。大体ちゃんと見つかるから助かっていますけどもね。

夫の弱点を教えてください

娘たちの「おねがーい」です。やっぱり父親は娘に甘いですね!! ほんと、まったくもう!! 厳しいお父さんのつもりらしいんだけどね（笑）。

それでも好きなのはどうしてですか？

私には夫が必要だし、夫には私が必要だと感じているから。

夫のことを「怖い」と思ったことはありますか？

ないです。

夫に我慢させていることありますか？

子供たちの前であんまり変な顔しないでって言ってます。我慢している時の顔が能面みたいになるので、ちょっと面白いです。

寝坊なのはどっち？

私の方がお寝坊さんです。寝つきが悪くて、寝起きが悪い最悪なタイプ。だから寝起きからしばらくはベッドの上から動けない。夫はそんな私を見て心配してくれるので、ほんと申し訳ないなといつも思ってしまう。

夫を自慢してみて

いいでしょ? すごい優しくて真面目で…酒、たばこ、ギャンブル、女に興味なくて、唯一私のことだけをすごく好きでいてくれてるんだ!!

夫に対して我慢していることある?

ないです! ほぼ夫に直接言ってます。それに我慢してもすぐ忘れちゃうんですよね。いいことでもあり悪いことでもある。

この人が夫でよかった! と思った瞬間は?

「子供の成長が楽しみって感覚は、都市伝説だと思ってた」と言った夫の顔を見た時に、この人で良かったって思いました。

夫の口ぐせを教えて。

「愛してる」ですかね(照れ)。

夫に言われて一番うれしかった言葉を教えて

「のるんの作る料理がいちばん好き」

他人には分からない夫婦の絆は?

ついこの間あったことなんですけどね、夜寝てたら夫婦の顔の間にネコが無理やり体をねじ込んできて、しばらくすると満足したのかどっか行ってしまったんです。そのせいで夫との距離が少し空いてしまったから近くに寄ろうと動いたら、夫も同じこと考えたのかおでこをぶつけてしまって思わず笑っちゃった。

一緒にやって楽しいことは?

夫とはなにやっても楽しい! 特に夫と買い物に出かけるのがとても楽しくて、「今週はなに作ろうか」なんて言いながら献立を一緒に考えて食材をカゴに入れていって、最後は必ずお菓子売り場に寄って、末っ子のアンパンマンのぺろぺろチョコをカゴに入れると「のるんちゃんはどれがいいの?」って言って一緒にお菓子を選んでくれてる、この日常が楽しいです。

夫を愛するために努力していることは?

卑屈にならず、素直でいるように努めています。夫の好意に気付ける人間でありたいから。もちろん嫌なことは嫌だって言うけど、いちばん近くにいる人間としてきちんと夫のいいところを見つけてあげられるようにしています。

夫の好きなものを知っていますか？

のるんのことが好きで、〝きのこの山〟派で、歴史が大好きで、ゲームを愛していて、そしてのるんのことも愛している。

雪の日、一緒にやりたいことは？

ちょっと着込んで玄関を出て、誰も足跡をつけていない雪の上を一緒に歩きたい。

わがままをひとつ言っていいですよ

今すぐ夫を家に帰して――――!!

25年目の結婚記念日、どんなふたりでいますか？

銀婚式かぁ。白髪とかシミとか見つけて笑っていられるような、そんなふたりでいたい。

七夕の願いごとはなんでしょう？

七夕は基本的に織姫と彦星が無事今年も会えますように、です。それに織姫と彦星のようにずっと相手を思いやれるようになりたい、と思う。

いつも「好き」でいられる理由は？

私の「好き」って気持ちをいつも受け止めてくれるから。なんか嫌なことあっても夫の顔見れば「まぁいいか」って思えるから、本当に精神安定剤みたい。

奇跡の夫婦のひみつ 4

永遠の愛ってあるの？

夫の顔、どう思う？

キリッと眉毛に切れ長の目、やっぱり好きな人だからなのかイケメンに見えるの。幻なんだとしてもこの幻、ずっと覚めないでほしい。

中年になったふたり。どうしてる？

加齢臭を気にして「これがいいんじゃない？」なんて新しい洗顔料を買ってきたり、食事に気を付け始めたりするけどコーラをやめられなくて困っていそう。

夫が好きでのるんがきらいなもの、ある？

ちょっと考えてみたんですけど、思い浮かばなかったです。蕎麦がきらいだったことがあったんですけど、夫は大好きで、その影響で蕎麦を食べれるようになったってことはあります。

夫に浮気疑惑!? どうする？

疑惑の時点で紛らわしいことしてるので有罪。夫のスマホを盗み見るし、相手がわかればネトストするし、メンヘラ再発で絶対に許さない。

夫に言いたいけど言えないこと、ある？

夫はハゲることを気にして、「生卵を食べるとハゲる」とか「朝シャンはハゲる」とか噂を信じて守っているんですけど、さっさとハゲてくれてもいいよと言いたいけど言えない…。

夫の父母にひとこと

私がミカンが好きだって言ったらミカンを送ってくれたり、娘がいなかったからって私を本当の娘のようにかわいがってくれるお義母さんとお義父さん、本当に大好きです。

ふたりで叶える夢は？

子供たちが巣立った後に部屋の一室を模様替えして、ゲーム部屋を作ることですね！ 今も十分な環境が整っているんですけど、寝室と兼ねているので、趣味だけを詰めこんだ部屋を作りたいねって言っています。 かなり現実的で一番叶いやすい夢の一つだと思っています。

悩みをひとつ打ち明けて

娘が幼稚園に入園するんですけど、手さげ袋を手作りしなきゃいけないらしいのに裁縫が苦手で困ってます…。

「夫」といわれて思い出す表情は？

鏡越しに私に変顔して見つかった時のすまし顔。 あの顔は本当にかわいい！ ちゃんと私におでこをペチッて叩かれる時の目をギュッとつぶっている顔が目に浮かびます。

子供と一緒にやりたいことは？

「買い物？ いかなーい」なんて言うことが増えたけど、まだまだ一緒に旅行や遊びに出かけて思い出をたくさん作りたいですね。 特に娘たちはキャンプも気に入っていて、普段家だとひとりで作った方が早いという理由で手を出させないのですが、キャンプなら時間もたっぷりあるし、いろんな料理を一緒に作りたいなって勝手に思ってます。

夫婦ふたりだけでやりたいことは？

ふたりでキャンプ!! 子供たちがおおきくなったら今よりもちいさいテントを買いなおして、ふたりキャンプをやりたい!! 家族で行くキャンプも楽しいけど、夫とふたりきりでやるキャンプも最高にたのしいはず!!

愛されてるなーと感じるのはどんな時？

私が気に入ったシャンプーやリップクリームなどの在庫が定期的に補充されてるのを発見した時に「うおおおおお!! これは愛!!」って叫んじゃう。

お墓に刻むとしたらなんと刻みますか？

「運命」とかいれちゃうかな。多分この意味、夫ならわかると思う。

父親と夫は似ていますか?

全然似てない。父はキレイ好きで、家に帰ってきてやるのが掃除機をかけることだったんですけど、それだけで家のことを俺がやってやってるみたいな感じで母にいつも「もっとちゃんとやれよ」とか言ってました。夫は家に住んでいる人間は家のことをやるのは当たり前って考えている人なので、私がやるのも自分がやるのも当たり前だし、家事の大変さを分かってくれているから「たまにはサボってもいいよね」っていう感覚が通じるのが嬉しい。

夫の影響で変わったことは?

蕎麦を食べれるようになったことなんですが、さらに山菜って食べる機会がなかった私は夫に勧められて山菜蕎麦を食べた際に「いままでなんで食べてこなかったんだ」って感動しました。そこから〝山菜そば最高勢〟に変わりました。

臨終間際に残すことばは?

「来世で待ち合わせね」

タイムカプセル、なにを入れる?

今現在使っているゲームのコントローラーと一緒に夫とプレイしたゲームのディスクと、未来の自分に手紙書いて埋めます。

記念日のルールがありますか?

ルールというか夫婦ふたりきりでお祝いするっていうのが恒例になっていて、こうやってこの先もふたりで記念日を大切に祝っていきたい。

ひとつだけ願いが叶うとしたらなにを願いますか?

ずっと家族みんなが健康で仲良くいられますように……。

辛いことはありますか?

娘が私に対抗心を燃やしていて、夫の隣に座っていても必ず間に入ってきて夫との距離が離れてしまうことがツライ…娘かわいい…ツライ…の葛藤。

ケンカの最長記録は？

２日？ だったかな？ すごく気まずい雰囲気が漂っていたのを覚えています。そこまでいくと謝るタイミングっていうのがなかなかなくて、困ったなって思っていた気がします。

ふたり揃って泣いた思い出は？

結婚する時に夫のご両親にあいさつに行ったんですけど、ものすごく温かく迎えてくれて、お義母さんなんか「娘ができてうれしい！」って喜んでくれて、帰りの車の中で安心感と緊張から解放されたのと嬉しいのといろんな感情が出てきて、泣きながら夫に「なんか…本当にいい両親だね」って言ったら、夫は「うん、あの人たちで良かった」ってつられて泣いてて。ふたりして泣きながら帰ったいい思い出。

お互いのケータイ、見る？

見ません。お互いの携帯のロックを解く方法は知っているけど見ないです。携帯ゲームをやっていたりとか動画を一緒に観たりとかはもちろんあるんだけどね。でも昔の私ならガンガン見てた、間違いない。

あきらめていることはありますか？

出産前の体形に戻すこと。ひとり目の時にどんなに頑張っても元の体重からプラス２キロがどうしても減らなくてかなり落ち込んだんですけど、今では結構諦めもついてデブにさえならなきゃいいかなって思ってます。

幻滅することはありますか？

正直に言うとあります。どんな時って言われてもパッと思い浮かばないですけど、でもそれできらいになるってことはないですね。私ももちろん失敗することあるし、それも含めて夫なのかなって思うから。

一緒に歌う歌がありますか？

最近だと米津玄師の『Ｌｅｍｏｎ』だとか、ｏｆｆｉｃｉａｌ髭男ｄｉｓｍの『Ｐｒｅｔｅｎｄｅｒ』とかよく車で流れていて娘も一緒に歌っていたりしてます。

ゲーム、テレビ、ケータイがない休日。どうする？

アスレチックのある公園とかにおでかけする。美味しい物食べて、遊んで、帰って寝る!!

また行きたいところはどこですか？

夫と観光で立ち寄った沼津港にまた絶対行きたい。すごく活気があって、ごはんも美味しいし海もきれいで最高でした…。

もう充分なものはなんですか？

子供かな。周りからもうひとりくらいいけるんじゃない？？？　なんて茶化されたりするけど、もうこれ以上体力が持たないなって考えます。一時期、自分も「もうひとりくらい…」と思ったことはあったんだけど、3人抱えたまま、また妊婦生活するのかって思ったら嫌だー！　ってなってしまいました。

夫に捨ててほしいものはありますか？

夫も私もあまり物を持たない人間なので、捨てるほど物がないというのが現状です。ただ私がはじめて夫にお弁当を作った時に一緒に袋に入れておいた手紙をいまだに保管していて、もう捨てていいよ…とは思ってる。

愛が重すぎると言われたことはありますか？

夫には言われたことがないんです。でも、ずっと前に夫以外の人には言われました。それはもう心底疲れたよと言わんばかりに。きっとその人には私の愛は合わなかったんでしょうね!!

夫が自分だけに見せる顔をおしえて

ちょっと困ったような笑った顔で「仕方ないなぁ」って頭をなでてくれるなんとも言えない顔。

夫の機嫌が悪い。どうする？

機嫌が悪いのであれば放っておきます。機嫌の悪さで人をコントロールしようとするタイプの人間は好きじゃないので、なにか要望があれば言ってほしいし、そうでないならそのまま自分で落ち着くように自分自身をコントロールしてほしいな、と思ってしまいます。

謝りたいことがありますか？

夫と夜に映画を観る約束をしていたんですけど、その日はものすごく眠くて寝てしまって約束を破ってしまったことがあったんですけど、夫はそのままそっと寝かせてくれて「眠かったんだね」って言ってくれたことがあったんです。あの時も謝ったけど、もう一度謝りたい。ごめんなさい、あいしてる。

離婚についてどう思いますか？

悪いことじゃないと思います。肯定も否定もしません。かといって安易に結婚も離婚もするもんじゃないとは思うけど、ひとり親だから子供がかわいそうとかそんなの偏見だし、周りがとやかく言うことじゃないと思う。子供のために離婚しないという選択肢も、子供にとって悪い影響があると思ったから離婚っていう選択肢も、どっちも子供のことを考えてのその人の考えだしね。ひとり親でもすごい頑張ってる人はたくさんいるし、その人がたくさん悩んで幸せだと思う道を選べばいいと思います。

夫と結婚していなかったら、今ごろなにをしていたでしょう？

夫と一緒じゃない自分。ちょっと考えられないですけど、夫と一緒になる前の自分は本当に不安定で、今よりももっと怒りっぽかったです。今ごろはもしかしたら別の男性とお付き合いをしていたかもしれないですけど、どうせ「愛が重すぎる」なんて言われてまだ彷徨っていたかもしれないですね。

子供ができた時、夫にどんな風に報告しましたか？

もともと生理不順だったこともあって、最初は気付かなかったけど、なにかがいつもと違うって感じて自分ひとりで検査薬で調べました。その検査薬を持って夫に「こんな感じなんですけど」って見せて夫の反応を伺う感じでした。

夫はなんて言いましたか？

言葉が出ないって感じで、ゆっくり近づいてきて抱きしめられて「がんばるからね」って言ってくれました。「一緒にがんばろうね」とも言ってました。

子供たちはふたりの関係を変えましたか

変わったと思います。彼氏と彼女、夫と妻だけじゃなく、子供の父と母という新しい関係性が追加されたことによって、育児に関してのお互いの考え方の擦り合わせもしなくちゃいけなくなって、いまだにどうするべきなのかって話し合いをすることもあります。子育てはその時その時で状況が変化していく難しいことなので、ふたりで今後も話し合っていきたいなって思っています。

子供に見せられないこと、ありますか？

このの ろけの数々。おおきくなったら見せてもいいかなって思うけど、思春期の子供たちにはまだ見せられないヨ!!

父親としての夫はどうですか？

もう満点だと思います。夫は私の「手伝い」ができるのではなくて、私の「代わり」ができるほどの手練れなので、もうそれだけで充分。感謝感謝です。

母親と妻、どちらがしっくりきますか？

自分的には妻の方が似合ってると思います。どうしても子供たちにはしっかりしなきゃって気持ちが働いてしまって、本来の自分でいられない感じがします。でもそれでいいよね。

家族の自慢を教えてください

じいじとばあばが優しい（長女）。パパがすごい優しくてママがかわいい!!（次女）。わかんない!!（三女）。

娘と妻がかわいい!! それと俺がイケメン!!（夫）。

昨夜の献立を教えてください

夫じゃなくて私が作った普通のカレーです。そこに前日残った唐揚げを乗せた〝カロリーお化け〟みたいなカレーを食べました。美味しかった…。

最近電話で話したことは？

夫「今日ゴミ出しの日だった!!」

のるん「忘れてた！出しとく！」

夫「ごめん、ありがとう、よろしく」

のるん「おっけー任せて！」

今日の朝の会話です。

夫が一番輝いているのはどんな時？

好きなものの話をしている時が一番輝いてますね!! 前に夫の実家に行った時にレゴブロックが出てきてたくさん説明してくれたけど、眩しすぎて直視できなかった。

夫のために空けてあるのは左手？右手？

どっちも夫のために空けてあるので、いつでもウェルカムです!!

やっぱり好きだなぁ、と思うのは？

これは前にも言ったことがあるんですけど、夫が子供たちと遊んでいたり話していたりすると好きだなぁって。なにかを大切にしている人は、とても素敵だ！

夫に関する新発見を教えて

長い髪が好きだって言っていた夫。私が夫になにも言わずに髪の毛をばっさり切った時に帰宅した夫がすごくびっくりしていたけど、「短い髪もイケるね」って褒めてくれて。短い髪の毛もイケる口なんだねお兄さん…っていう新発見にニヤニヤしました。

来世も一緒にいますか？

来世も一緒にお願いしたいです。いいですかね？　夫を来世も独り占めしちゃって。

意外だなぁと思うことはありますか？

こんなに料理ができるのに、結婚するまでまともに料理をしたことがなかった話。今でも信じてない。

ふたりで作る料理を教えて

よく作るのはとんかつ！　どっちかがお肉に筋切りと穴あけの下処理をしている間に、もうひとりは小麦粉、卵液、パン粉の準備。それが終わったら卵液までの係とパン粉をつけて揚げる係に分かれて手分けしてやっていたりします。

夢の中で夫はなんて言いましたか？

夢の中での夫はだいたいいつも死んでいたりするので、なにも話しません。それ見て号泣しているっていう恐ろしい夢。

夫の寝言を教えて

いちばん最新のだと「ちょっと貸してみ………ほらね」。なにをしてくれたんだろう…。

「好き」という言葉以外で「好き」と伝えるには？

夫の帰宅後ガンダッシュでタックルする。そのままくっついて移動までしちゃう。

子供に夫みたいなひとと結婚してほしいですか？

答えは「いいえ」。

それはなぜ？

私は夫と結婚して良かったと思っているけど、子供たちは子供たちの価値観で自分がいいと思える人と結婚してほしいなって思ってます。子供たちは私の子供だけど私じゃないから。ただ、夫のようにすごく愛してくれる人であったらいいなとは思う。

ドラマみたいと思った出来事は？

立ち会い出産で子供が生まれた時に夫がちょっと泣いていて、「お疲れ様」って言われた時に「テレビでよく見るやつだ」って思いました。

「未来」と聞いて思い浮かべるシーンは？

中年の夫と私が家でふたりで仲良くごはん食べてるシーン。

一生好きでいられる自信はありますか？

あります!! 夫を好きでいられないのであれば、もう誰も好きでいられるわけがないって程には!!

結婚して夫が変わったところはありますか？

趣味にメリハリがついた気がします。ダラダラ趣味に使っていた時間をきっちりやることをやってからするようになったなって思います。それが夫と私の貴重な時間として機能しているので良いことですね。

夫の子供時代のエピソードを教えて

夫が小学生のころ、周りの子たちがランドセルをぞんざいに扱ってぺったんこになったり折れ跡がついたりするのをみて、神経質な夫は理解できなかったらしく、絶対に形を崩さないように気を付けてたって言ってて「夫らしいな」って思いました。

不安になるのはどんな時ですか？

夫の仕事の定時になってから2時間とか経ってくると、夫死んでない？ 大丈夫？ ってなります。

お風呂はひとり？ ふたり？ 家族で？

基本的には末っ子と夫と3人で入ってます。最近ちょっと湯船が狭くなってきたけど、3人でままごとしながら浸かるお風呂は楽しいから気にならないね。

これだけは譲れないことは？

娘の歯磨きの仕上げと、髪の毛を乾かすこと。末っ子はその日の気分でやってもらうのをパパかママどっちか決めているんですけど、その日選ばれなかったりすると結構ショックなもので、ムキになって次の日は選ばれるように必死に娘にアピールしてしまうんですよね。だからその時だけは夫はライバルで「譲れねぇ!!」と思っています。

はじめてと今、どちらが愛がおおきい？

はじめのころは勝手がわからず、探り探りだったんですけど、今は惜しみなく全力で愛をぶつけまくっても大丈夫だってわかったので、愛はおおきくなるばかりです。

夫に影響されて好きになったものは？

ガンダム。無印から順にほぼ観ました。おかげでシャア・アズナブル（キャスバル）と金色の機体「百式」がお気に入り。衝撃的だったのはシャアと数名の兵士が敵の船に潜入作戦時、「絶対見つかるな」と言っておきながら全身真っ赤なスーツに身を包んだシャアが登場したこと。

「安心」と聞いて思い出す場所は？

夫の腕の中。それがお布団の中だったらなおいい。

夫が女性だったら親友になれますか？

なれると思う。なりたい。絶対楽しい。

安心と刺激、どちらが好き？

断然「安心」。刺激はいつか慣れてしまうし一瞬で消えてなくなってしまうもの。安心は得るのは難しいけど、一度得てしまえば自分から捨てない限りずっとあると思ってる。

シンクロニシティエピソードをお願いします

私が頭の中で流れていた音楽を夫が口ずさみだしたこと。無意識に口に出てたかなって不安になるほどびっくりした。

夫の尊敬するポイントは？

マニアックなところで言うと、夫の在庫管理能力がすごい。チューブのしょうがとか、忘れがちなボディソープの替えも「あ、そろそろないんじゃない？」って思うと「この間安かったから買っといた」って補充されてたりしていて、本当にすごいなって思う。自分がなくなってから気付いたりするタイプの人間だから尊敬する。

夫はどんなおじいさんになるでしょう

若いもんには負けんとか言って最新ゲーム機を鮮やかな手さばきで操作している、ハゲたじいさん。

もしも夫の愛が冷めたらどうしますか？

どうしよう。冷めた時点でもうなにをしてもどうしようもないんだろうけど、繋ぎ留めたい、とは思うかも。

「どうしてわかったの?!」ってことある？

背中がかゆい時に「ちょっとさ…」まで言ったら「せなか？」って言われたこと。ほんとびっくりした。なんでわかったの!?ってなった。

夫の秘密を知ってしまった。どうする？

知ったことを秘密にしておく。でも生活に支障がでるようであれば直接ききます。秘密にしていた理由については問い詰めません。

50年後のふたり、どうなっている？

夫が定年退職してるじゃん!! もうずっと一緒にいられるんじゃん!! 50年後も絶対手を繋いで寝るし、夫と楽しい老後生活を楽しんでいると思う!! 羨ましい。

ふたりの老後について話したことはありますか？

老後に向けての貯えの話から、身体が動くうちは旅行しまくろうね！っていう夢物語までいろんな話をしたことがあります。

夫に聞いてみたいことは？

今、幸せですか？

夫《おっと》沼《ぬま》
夫にハマって抜け出せません

2020年2月10日　第１刷

著者
のるん

編集
杉田淳子　坂口亮太

発行人
井上 肇

発行所
株式会社パルコ
エンタテインメント事業部
〒150-0042 東京都渋谷区宇田川町15-1
TEL 03-3477-5755

印刷・製本
図書印刷株式会社

ISBN978-4-86506-325-7 C0095 Printed in Japan